頻出問題！

出る順で解く！
地方自治法

地方公務員昇任試験問題研究会 ［著］

学陽書房

はしがき

　本書は、自治体の昇任試験を受験される方々が、可能な限り短期間で地方自治法の対策ができるように、過去5年間の問題を分析し、頻出の問題80、そして厳選した選択肢を掲載した問題集となっています。

　自治法の問題集の多くは、地方公共団体の種類など、総則にはじまり、法律の条文の順序に沿って、問題を並べていますが、本書では、章ごとに頻出順に問題を並べ、重要な事項から学習できるようにしています。

　自治体の昇任試験における自治法の頻出箇所は限られていますので、本書を利用して学習することが合格への一番の近道といえます。

　また、関連する自治法の条項や実例等を記載していますので、余裕がある場合には、その法律の条文等に当たることで、より理解を深めることが可能となっています。

　本書の問題を繰り返し解くことで、自治法の問題に対応できる基本的な知識と解答力を確実に身に付けることができます。

　そして、本書は、次のような特長をもっています。

・地方自治法の問題をA〜Cにランク付けして出る順に掲載

　過去5年間の本試験で実際に出題された問題から、頻出問題を掲載しています。さらに、各設問には出題頻度の高い順にA、B、Cと3段階でランクを付け、章ごとその順序に並べているので、時間のないときには頻度の高い順から学ぶとより効果的です。

・過去5年の本試験問題を分析して、頻出選択肢には頻出マークを掲載

　設問ごとのランクにくわえ、選択肢についても過去5年間の本試験問題を分析して、頻出選択肢に頻出マークを付けています。頻出問題の中でも狙われやすい選択肢をより重点的に押さえることで、効果的に学習することができます。そして、狙われやすい選択肢を

2

理解しておくことで、実際の試験の場面でも正解の選択肢を導き出すことが可能になります。

・比較でわかる！　ここがポイント！　という図表をふんだんに掲載

　類似した用語などが簡単に比較できるように、図表にまとめています。この図表を活用することで、同じような用語を一括して記憶できるほか、ポイントを容易に押さえることができるようになっています。

・解説はまず正誤の結論から示しています。

　選択肢の解説のはじめに正誤の結論を示していますので、時間がない場合や、１回目の学習の際には、選択肢のどこが間違っているのかをまず確認することで、自治法の問題の全体像を容易に捉えることができます。

・それぞれの選択肢がどのテーマを狙いとしているか解答欄で示しています。

　選択肢には自治法の条文をそのまま利用しているものもあり、ポイントがつかみにくいものもあります。選択肢の狙いを押さえることで、選択肢のテーマが容易に理解できます。

　受験者各位が本書をフルに活用し、難関を突破されることを期待しております。

　　2020年8月

　　　　　　　地方公務員昇任試験問題研究会

第3章 執行機関と給付

第4章 財務と公の施設

第5章 地方公共団体と国等との関係、特別地方公共団体

凡例

法令略称名

日本国憲法	憲法
地方自治法	法・自治法
地方自治法施行令	令
地方教育行政の組織及び運営に関する法律	地教法
地方公務員法	地公法
地方公営企業法	地公企法

条文等引用表記

法109③⑵	地方自治法第109条第3項第2号
最判昭63・4・22	最高裁判所判決　昭和63年4月22日
行実昭23・10・30	行政実例　昭和23年10月30日
通知平26・5・30	通知　平成26年5月30日

第 1 章

地方公共団体、住民、直接請求

チェック欄 | | |

出る頻度 **A**

問 地方公共団体の役割、名称等として妥当なものはどれか。

頻出

1 都道府県は、市町村を包括する広域の地方公共団体として、地域における事務のうち、広域にわたるもの、市町村に関する連絡調整に関するもの及び統一的な処理を必要とするものを処理する。

頻出

2 都道府県の名称を変更しようとするときは、法律で定めることとされており、この法律は、憲法第95条の地方自治特別法として、住民の投票に付されることとなる。

頻出

3 市町村及び特別区の名称を変更しようとするときは、条例で定めることとされているが、あらかじめ都道府県知事の同意を得なければならない。

頻出

4 市町村の区域内の町又は字の名称を変更しようとするときは、条例で定めなければならない。

5 広域連合の名称については条例で定める必要がある。

比較でわかる！ **！** 地方公共団体の種類

普通 地方 公共 団体	都道府県	
	市町村	**指定都市**：人口**50万**以上の市のうちから政令で指定（法252の19ほか）
		中核市：人口**20万**以上で市の申出に基づき政令で指定（法252の22ほか）
		その他の市：**人口5万以上**ほか（法8①）
		町村：**町は都道府県条例で定める要件**を具える必要あり（法8②）
特別 地方 公共 団体	**特別区**：**大都市行政の一体性・統一性の確保**の観点から導入されている制度 （法281）	
	地方公共団体の**組合（一部事務組合、広域連合）、財産区**：特定の目的のために設置されるもの	

解説　　　　　　　　　　　　　　　　　　　　　　　　**正解 2**

1 **×**　統一的な処理を必要とするものではなく、規模・性質から適当でないもの（**補完事務**）です。

　広域自治体である都道府県は、①広域にわたるもの（**広域事務**）、②市町村に関する連絡調整に関するもの（**連絡調整事務**）、③規模又は性質において一般の市町村が処理することが適当でないと認められるもの（**補完事務**）を処理します（法2⑤）。

2 **○**　法3②、憲法95のとおりです。

3 **×**　知事との協議は必要ですが、同意は不要です。

　都道府県以外の地方公共団体の名称を変更しようとするときは、**条例**で定めますが、あらかじめ**都道府県知事に協議**しなければなりません（法3③④）。

4 **×**　議会の議決は必要ですが、条例は不要です。

　市町村長は、**町や字の区域を新たに設けたり、廃止したり**するとき、また、その**名称を変更**しようとするときは、**議会の議決**を経なければなりませんが（法260①）、条例による必要はありません。また、その際、長は、**告示**しなければなりません（同②）。

5 **×**　規約で定める必要があります。

　広域連合の規約には、名称等を定めなくてはなりません（法291の4①）。

ここがポイント！ 名称の変更手続き

都道府県	**法律**で定める（法3②） この法律は、地方自治特別法に該当し、**住民投票で過半数の同意**が必要（憲法95）。
市町村 特別区 財産区	**条例**で定める（法3③） 知事にあらかじめ**協議**（同④） 直ちに知事に報告（同⑤）、知事は直ちに総務大臣に通知（同⑥）、総務大臣は告示と、国の関係行政機関の長に通知（同⑦）
地方公共団体の組合	組合の規約で定める（法287①、291の4①）

普通地方公共団体の区域

問 地方公共団体の区域について妥当なものはどれか。

❶ 廃置分合のうち分割とは、一の地方公共団体を廃し、その区域を分けて数個の地方公共団体を置くことをいう。 *頻出*

❷ 都道府県の廃置分合や境界変更は、当該地方公共団体の条例で定められる。 *頻出*

❸ 市町村の廃置分合・境界変更は、関係市町村の議会の議決により決定し、都道府県議会の議決を経ず、直接総務大臣に届け出て、総務大臣は直ちにその旨を告示しなくてはならない。 *頻出*

❹ 市町村の境界に関し争論がある場合において、すべての関係市町村から裁定を求める旨の申請があるときは、総務大臣は、関係市町村の境界について裁定することができる。 *頻出*

❺ 市町村の区域内にあらたに土地を生じたときは、直ちに、都道府県知事に届け出なければならない。

比較でわかる！ **／** 廃置分合のパターン

類型	内　容
分割	一の地方公共団体を廃し、その区域を分けて数個の地方公共団体を置くこと
分立	一の地方公共団体の一部の区域を分けて、その区域をもって新しい地方公共団体を置くこと
合体	二以上の地方公共団体を廃してその区域をもって一の地方公共団体を置くこと
編入	地方公共団体を廃して、その区域を既存の他の地方公共団体の区域に加えること

解説　　　　　　　　　　　　　　　　　　　　　　　　　　　正解 **1**

1　**○**　比較でわかる！　に、廃置分合の類型を整理しておきました
ので、確認してください。

2　**×**　都道府県の廃置分合等は**法律事項**です（法6①）。

　　　この法律は、**憲法95に基づく地方自治特別法**に該当し、**住民
投票**の手続きが必要です。

3　**×**　**都道府県議会の議決**を経て、**知事**が定めます。

　　　市町村の廃置分合・境界変更は、**議会の議決を経た関係市町村
の申請**に基づき、**都道府県知事が議会の議決を経て定め**ます（法
7①⑥）。

4　**×**　総務大臣でなく、**都道府県知事**です（法9②）。

　　　裁定に不服がある場合は、裁定書の交付を受けた日から**30日
以内に裁判所に出訴**することができ（同⑧）、**90日以内に調停に
付されないときも同様**です（同⑨）。なお、**自治紛争処理委員に
よる調停に付す**こともできます（同①）。

5　**×**　**市町村議会の議決を経る必要**があります（法9の5①）。

　　　また、都道府県**知事**は、その届出を受理したときは、直ちにこ
れを**告示**しなければなりません（法9の5②）。

ここがポイント！　　**市町村の廃置分合・境界変更の手続き**

①	**関係市町村の申請**（議会の**議決**要）

②	**知事**が当該都道府県**議会の議決**を経て**決定**

③	**総務大臣に届出**

※　市の廃置分合の場合、あらかじめ知事は、**総務大臣に協議**し、**同意**を得ます（法7②）。
※　**総務大臣**は届出があった時は、**告示**と、国の関係行政機関の長への**通知**を行います（法7
⑦）。
　　なお、都道府県の境界にわたる市町村の設置を伴う場合は総務大臣が定めます（法7③）。

普通地方公共団体の事務

問 地方公共団体の事務に関する記述として妥当なものはどれか。

❶ 都道府県及び市町村は、その事務を処理するに当たって、相互に競合してしまうことは許容される。

頻出

❷ 国は、法律又はこれに基づく政令により地方公共団体が処理する事務は、自治事務・法定受託事務の区分に関わらず、地域の特性に応じて事務処理できるよう配慮しなくてはならない。

❸ 普通地方公共団体は、自治事務及びその他の事務で法律又はこれに基づく政令により処理することとされるものを処理するとされ、自治事務の中には法定受託事務も含まれる。

頻出

❹ 第一号法定受託事務とは、都道府県が処理する事務のうち、国が本来果たすべき役割に係るものであって、国においてその適正な処理を特に確保する必要があるものとして法律又はこれに基づく政令に特に定めるものをいう。

❺ 第二号法定受託事務とは、法建又はこれに基づく政令により市町村又は特別区が処理することとされる事務のうち、都道府県が本来果たすべき役割に係るものであって都道府県においてその適正処理を特に確保する必要があるものとして、法律又はこれに基づく政令に特に定めるものをいう。

ここがポイント! **2000年の分権改革と事務の変化**

改定前	改正後	
公共事務 団体委任事務 行政事務		➡ 自治事務
機関委任事務	➡ 存続する事務	➡ 法定受託事務
	➡ 国の直接執行事務	
	➡ 廃止された事務	

解説 正解 **❺**

❶ ✕ **競合しないように努める必要**があります。

　　自治体相互には、**事務の競合回避義務**があります（法2⑥）。

❷ ✕ **法定受託事務には特別配慮義務がありません。**

　　法定受託事務は、都道府県や市町村が処理するもののうち、本来、国の役割に係るもの等であるため、**特別配慮義務はありません**（法2⑬）。

❸ ✕ **自治事務と法定受託事務は別のものです。**

　　自治事務は、**法定受託事務以外の事務**をいい（法2⑧）、**法定受託事務**は、法律又はこれに基づく政令により**都道府県、市区町村（市区町村）が処理する事務**のうち、**国（都道府県）が本来果たすべき役割**に係るものであって、国（都道府県）において**適正な処理を特に確保する必要**があるものとして法律又は政令に特に定めるものをいいます（国が本来果たすべきものが**第一号法定受託事務**、都道府県は**第二号法定受託事務**（法2⑨）で、括弧内は第二号法定受託事務です）。

❹ ✕ **市区町村が処理する事務も含みます**（法2⑨(1)）。

　　選択肢3の解説参照。

❺ ◯ 法2⑨(2) のとおりです。選択肢3の解説参照。

比較でわかる！ **！** 法定受託事務と自治事務の比較

	自治事務	法定受託事務
条例制定（法14①）	法令に反しない限り可	法令に反しない限り可
地方議会の議決事件の追加（法96②）		**国の安全**に関することなどは除く
地方議会の検査・監査（法98など）	原則及ぶ **労働委員会**及び**収用委員会**の権限の一部は対象外	原則及ぶ **国の安全**を害するおそれがあるものなどは対象外
監査委員の権限（法199②）	原則及ぶ **労働委員会**及び**収用委員会**の権限の一部は対象外	原則及ぶ **国の安全**を害するおそれがあるものなどは対象外
行政不服審査	国等への審査請求は不可	国等への**審査請求**が可（法255の2）
代執行	要するのことのないようにしなければならない（法245の3②）	可能（法245の8）

条例の意義、制定権の範囲

出る頻度 **A**

問 地方公共団体の制定する条例について妥当なものはどれか。

頻出

1 普通地方公共団体は、法令に違反しない限りにおいて条例を制定することができるが、法定受託事務に関しては、条例を制定することができない。

2 普通地方公共団体が義務を課し、又は権利を制限するには、法令に特別の定めがある場合を除いて、規則によらなければならない。

頻出

3 条例には、科料を科する旨の規定を設けることはできるが、過料を科する旨の規定を設けることはできない。

頻出

4 条例の及ぶ範囲は、原則としてその地方公共団体の区域内に限られるが、その地方公共団体の住民に限っては区域外でも適用される。

5 市町村の条例は、都道府県の条例に違反することはできない。

....

ヒント：比較でわかる！ **！** 条例と規則の違い

	条　　例	規　　則
制定過程	議会の**議決要**	長（執行機関）が定める
罰則	２年以下の懲役・禁錮、100万円以下の罰金、拘留、科料、没収の刑、５万円以下の過料（法14③）	５万円以下の過料（法15②）
その他	義務を課し、権利を制限する場合は条例によることが必須（法14②）	

解説　　　　　　　　　　　　　　　　　　　　　　　　　**正解** **❺**

❶ ✕ **法定受託事務**も条例が**制定**できます。

　　自治事務、**法定受託事務**ともに、**自治体の事務**であり、**条例を制定**できます。ただし、**法令に違反しない**必要があります（法2②、14①）。

❷ ✕ 規則でなく、**条例**によらなければなりません（法14②）。

❸ ✕ 条例には、**過料も規定**できます（法14③）。

　　条例には、条例に違反した者に対し、**2年以下の懲役若しくは禁錮**、**100万円以下の罰金**、**拘留**、**科料若しくは没収**の刑又は**5万円以下の過料**を科する旨の規定を設けることができます。

❹ ✕ **条例の効力**は原則として**区域内**に限られます。

　　条例は、地方公共団体の区域内に限られるのが原則で、**区域内であれば住民以外にも効力**を及ぼします。ただし、**公の施設の区域外設置**（法244の3①）、**事務の委託**（法252の16）などの例外もあります。

❺ 〇 法2⑯のとおりです。

　　市町村及び特別区は、**当該都道府県の条例に違反してその事務を処理してはならず**（法2⑯なお書き）、これに**違反した行為は無効**です（法2⑰）。また、地方公共団体は、法令に違反してその事務を処理してはなりません（法2⑯本文）。

ここがポイント！　✍　**条例の制定可能な領域の判断基準**

①	対象	国の法令が**空白状態**にある場合
②	目的・趣旨	同一事項について**目的・趣旨を異**にする場合
③	効果	同一事項で目的や趣旨が同じでも、法律制定の背景・趣旨等からして、その基準が全国的な最低基準を定めたにすぎず、地方公共団体が地域の必要性に応じて、**より厳しい基準の設定を許容**する趣旨である場合

規則

問 地方公共団体の長等が定める規則について妥当なものはどれか。

1 普通地方公共団体の長が規則を制定する場合、当該普通地方公共団体の議会の議決を得なければならない。

頻出

2 普通地方公共団体の長は、当該団体の規則中に、規則に違反した者に対し、5万円以下の過料を科する旨の規定を設けることができる。

頻出

3 規則は、自治事務について制定されるものであり、法定受託事務については、長の権限に属する事項であっても規則を制定することができない。

4 規則の効力は、当該普通地方公共団体の区域内に限定され、区域外に及ぶことはない。

5 普通地方公共団体の長は、当該団体の委員会の権限に属する事務について、法令に特別の定めがある場合を除いて、規則を定めることができる。

解説　　　　　　　　　　　　　　　　　　　　　　　正解　❷

❶　✕　議会の議決は不要です。

　普通地方公共団体の長は、**法令に違反しない限り**において、その**権限に属する事務**に関し、**規則を制定**することができます（法15①）。

❷　〇　法15②のとおりです。

　法令に特別の定めがある場合には、５万円以下の**過料以外**の罰則を設けることもできます。

❸　✕　法定受託事務でも規則を制定できます。

　長の権限に属する事務については、規則を制定することができます（法15①）。ただし、**義務を課したり、権利を制限する**内容については、**条例による必要**があります（法14②）。

❹　✕　区域外に及ぶ場合もあります。

　規則も条例と同様に、原則的には区域内に限定されますが、公の施設の域外設置条例に基づく規則のように、区域外に効果が及ぶ場合があります。

❺　✕　長の権限に属さない事項については制定できません。

　普通地方公共団体の**委員会**は、法律の定めるところにより、法令又は普通地方公共団体の条例若しくは規則に違反しない限りにおいて、その**権限に属する事務**に関し、**規則その他の規程を定める**ことができます（法138の４②）。

チェック欄

問 条例の制定・改廃の直接請求として妥当なものはどれか。

頻出

1 条例の制定又は改廃の請求は、当該地方公共団体が処理する事務すべてにわたり行うことができる。

頻出

2 条例の制定又は改廃の請求には、50分の1以上の者の連署が必要となるが、選挙人名簿に登録されている者に限られない。

頻出

3 条例の制定又は改廃の請求を受理したときは、長は請求の要旨を公表することなく、受理日から1週間以内に議会を招集しなければならない。

4 普通地方公共団体の議会の議員及び長の選挙権を有する者が、条例の制定・改廃請求をする場合において、当該地方公共団体の区域内で地方公共団体の議会の議員及び長の選挙が行われることとなるときに限り、政令で定める期間、当該選挙が行われる区域内では、請求のための署名を求めることができない。

5 普通地方公共団体の議会の議員及び長の選挙権を有する者は、心身の故障等により条例の制定又は改廃の請求者の署名簿に署名することができないときは、その者の属する市町村の選挙権を有する者に委任して、自己の氏名を当該署名簿に記載させることができる。

> 〈肢の狙いはココ！〉 **❶** 条例の制定・改廃請求の対象
> **❷** 条例の制定・改廃の請求者 **❸** 直接請求の議会への付議
> **❹** 選挙期間の署名収集の制限 **❺** 条例制定・改廃請求の署名の委任

解説

正解 **❺**

❶ ✕ **地方税の賦課徴収等は対象外**です。

　　地方税の賦課徴収並びに**分担金、使用料及び手数料の徴収**は条例の制定・改廃請求の**対象外**です（法12①、法74①）。

❷ ✕ **選挙人名簿に登録**されている必要があります。

　　直接請求の請求権者は、普通地方公共団体の**議会の議員及び長の選挙権を有する者**であり、選挙人名簿に登録されていなければなりません（法74①⑤）。

❸ ✕ **1週間でなく、20日**です。**要旨の公表**も必要です。

　　請求があったときは、長は、直ちに、**請求の要旨を公表**し（法74②）、受理した日から**20日以内**に議会を招集し、**意見を付けて**これを**議会に付議**し、その結果を**代表者に通知**するとともに、これを**公表**しなければなりません（同③）。また、**議会は代表者に意見を述べる機会**を与えなければなりません（同④）。

❹ ✕ **議会の議員及び長の選挙に限られません。**

　　当該地方公共団体の区域内で**衆議院議員、参議院議員又は地方公共団体の議会の議員若しくは長の選挙**が行われるときは、請求のための**署名を求めることができません**（法74⑦）。

❺ ○ 法74⑧のとおりです。

　　ただし、**請求者の代表者及び当該代表者の委任を受けて署名を収集する者**には委任できません（法74⑧）。

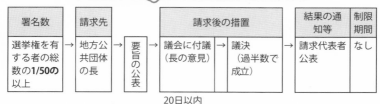

ここがポイント！　条例の制定・改廃請求の手続き

署名数	請求先		請求後の措置			結果の通知等	制限期間
選挙権を有する者の総数の**1/50**以上	地方公共団体の長	→ 要旨の公表 →	議会に付議（長の意見）	→	議決（過半数で成立）	→ 請求代表者公表	なし

20日以内

事務の監査請求

チェック欄

問 自治法の事務の監査請求として妥当なものはどれか。

頻出

1 事務の監査請求の請求者は、普通地方公共団体の住民となっており、法律上の行為能力を認められていれば、法人でも個人でも可能となっている。

頻出

2 事務の監査請求は、普通地方公共団体の事務の執行に関する監査を請求するものであるが、請求の対象は、監査委員の権限となる財務に関する事務に限られる。

頻出

3 事務の監査請求の請求者は、監査委員の監査の結果に不服があるときは、監査委員を被告として訴えを提起できる。

4 監査委員は、事務の監査請求があったときは、直ちに請求の要旨を公表するとともに、これを監査し、その結果を請求代表者に送付し、公表しなくてはならない。

5 監査委員は、独任制機関であり、個々の監査委員が事務の監査請求に対応し、監査の報告を決定することができる。

ヒント：比較でわかる！　　事務監査請求と住民監査請求

	事務監査請求（法75）	住民監査請求（法242）
目的	**自治行政全般**の責任の所在及び行政運営の適否を明らかにする	執行機関・職員の違法・不当な**財務会計上の行為（怠る事実含む）**を是正する
請求の対象事項	地方公共団体の**事務の執行**全般	長その他の機関又は職員の**違法・不当な財務会計**上の行為
請求の方法	**選挙権**を有する者の総数の**1/50以上**の連署による	当該普通地方公共団体の**住民**であれば**1人でも可能**
不服の場合の対応	特に**なし**	住民訴訟の提起が可能

解説　　　　　　　　　　　　　　　　　　　　　　　　　　正解 **4**

1 ×　**選挙権を有する者**のみが請求者になれます。

　　事務の監査請求には、**選挙権を有する者**が、総数の**1/50以上**の者の連署をもって行う必要があり、法人は対象となりません（法75①）。**住民監査請求とは異なります**（法242①）。

2 ×　対象は**事務の執行全般**です。

　　住民監査請求は財務会計上の行為が対象ですが（法242①）、**事務の監査請求の対象は事務の執行全般**となっています（法75①）。

3 ×　事務の監査を不服として**訴え等を提起できません。**

　　普通地方公共団体等を訴えることは**民衆訴訟**に該当し、法律に定める場合にのみ提起でき（行政事件訴訟法42①）、事務の監査請求は、法律に根拠がなく、行えません。この点で、**住民監査請求**では、**住民訴訟が提起できるのと異なります**（法242の2①）。

4 ○　法75②③のとおりです。

　　くわえて、**監査の報告**を、**議会及び長並びに関係のある委員会又は委員に提出**しなければなりません。

5 ×　個々の監査委員では、報告の決定はできません。

　　報告の決定は監査委員の合議によりますが（法75④）、令和2年4月から**合議不調時における各監査委員の意見**の代表者への送付や公表、長等への提出が義務付けられました（同⑤）。

ここがポイント!　　事務の監査定請求の手続き

署名数		請求先		請求後の措置		結果の通知等	制限期間
選挙権を有する者の総数の**1/50以上**	→	監査委員	要旨の公表 →	監査の実施	→	請求代表者 公表 議会 長・委員会等	なし

8 解散解職請求

チェック欄 | | |

問 解散解職請求として妥当なものはどれか。

頻出

1 議会の解散請求は、選挙権を有する者の総数の3分の1以上の者の連署が必要となるが、この例外はない。

2 普通地方公共団体の長は、解職の請求に基づき行われる選挙人の投票で、過半数の同意があったときは、その職を失う。

3 議員・長の解職請求は、就職の日及び解職の投票の日から1年間は行うことができないが、無投票当選の場合も同様である。

4 普通地方公共団体の議会の議員の解職請求は、請求代表者から長に対して行われ、当該選挙区の選挙人の投票によって過半数の同意があったときは、その職を失う。

5 副知事・副市町村長の解職請求が長になされた場合、長は、選挙人の投票に付さなければならない。

ここがポイント！ 主要公務員の解職請求の手続き

	署名数	請求先		請求後の措置		結果の通知等	制限期間
主要公務員の解職	選挙権を有する者の総数の**1/3以上** ※1	地方公共団体の**長**	要旨の公表	**議会に**付議	**2/3以上**の出席**3/4以上**の同意	失職 / 請求代表者関係者公表	※2

※1 選択肢1の解説を参照のこと
※2 その就職の日から副知事・副市町村長等は**1年間**、監査委員等は**6か月**（法88）。

解説　　　　　　　　　　　　　　　　　　　　　正解 **2**

1 ✕　**人口規模に応じた数が規定**されています。

　　人口**40万未満の場合総数の1/3**ですが、選挙人の総数が**40万超80万以下の場合**、**40万超の数の1/6**と40万の1/3の合算、**80万超の場合は80万超の数の1/8**、40万の1/6、40万の1/3の合算の連署が必要です（法76①）。

2 ◯　法83のとおりです。

3 ✕　**無投票当選の場合は解職請求できます。**

　　無投票当選の場合には、**1年以内であっても解職請求を行うことが可能**です（法84ただし書）。

　　また、**副知事・副市町村長**等は就職の日から**1年間**、**監査委員等は6か月間解職請求ができません**（法88①②）。

4 ✕　**長ではなく、選挙管理委員会に対して**行います。

　　条例の改廃請求などは、**長**に行いますが、**議員や長の解職請求**などは**選挙管理委員会**に行います（法76①、法80①、法81①）。

5 ✕　**選挙人の投票でなく、議会に付議**します。

　　議会に付議した結果、**2/3以上の議員**（在職議員）が出席し、その**3/4以上の同意**があった場合**失職**します（法87①）。

ここがポイント！　🖐️　議会の解散、議員・長の解職請求の手続き

	署名数	請求先		請求後の措置			結果の通知等		制限期間
議会の解散	選挙権を有する者の総数の**1/3以上**※	**選挙管理委員会**	→ 要旨の公表 →	選挙人の投票	→	過半数の同意	解散	請求代表者 議会の議長 長	議員の**一般選挙**等から**1年間**
議員・長の解職			→ 要旨の公表 →		→		失職	関係議員 公表 （議会の解散等の場合は長へ報告）	その**就職**の日から**1年間**

※ は 選択枝1の解説を参照のこと。

条例・規則の制定手続等

出る頻度 **B**

問 条例・規則の制定手続きとして妥当なものはどれか。

1 普通地方公共団体の長は、条例の制定又は改廃の議決により議会の議長から条例の送付を受けた場合は、その日から20日以内にこれを施行しなければならない。

（頻出）

2 規則は、条例とは異なり公布手続きが必要ないため、制定する内容が適用を受ける者に不利益な場合でも、遡及して適用することができる。

3 条例は、個々の条例で特定の施行期日を定めない限り、公布の日から起算して10日を経過した日から施行される。

4 普通地方公共団体の長、議会の議員、議会の委員会は、すべての条例を提案できる。

5 普通地方公共団体の機関が定める規則等については、公布等の手続きは必要ない。

解説   正解 **3**

1 × 施行ではなく、**公布**です。

　　通常は**20日以内**に公布しなければなりませんが、**再議その他
の措置を講じた場合は、この限りでありません**（法16②）。議長は、
議決を受け、**3日以内に長に送付**しなければなりません（同①）。

2 × 公布手続きが必要で、**遡及適用はできません**。

　　規則にも**条例の公布手続きが準用**されます（法16⑤）。また、
条例と同様に**不利益を受ける場合は遡及適用できません**。なお、
規則の適用を受ける者に**利益をもたらす場合**については**遡及適用
可能**です。

3 ○ 法16③のとおりです。

　　規則も公布日から起算して**10日経過で施行**されます（法16⑤）。

4 × 提案権が**長又は議員に専属**するものもあります。

　　条例の提案権は、双方が有していますが、**行政機関の設置**など
の条例は**長**、議会の**委員会設置条例**などは**議員**に専属しています
（23参照）。

5 × 機関が定める**規程**も**公布等の手続き**が必要です。

　　条例の公布等の手続きは、普通地方公共団体の**規則**並びにその
機関の定める規則及びその他の**規程で公表を要するもの**にこれを
準用します（法16⑤）。

ここがポイント! 🖐 **条例の公布等の手続き**

① 条例の制定改廃の議決

▼

② **3日以内**に議長は**長に送付**（法16①）

▼

③ 長は**20日以内に公布**（同②） ※再議等を講じた場合は除く

▼

④ **公布から10日**を経過した日から施行（同③） ※通常、附則で施行日を規定

※ 公布に関し必要な事項は条例で定める必要あり（法16④）。

チェック欄

出る頻度 **C**

問 地方自治の本旨及び意義として妥当なものはどれか。

❶ 住民自治は、国から独立した地域団体（地方公共団体等）を設け、この団体が自己の事務を自己の機関により、その団体の責任において処理する原則をいう。

❷ 団体自治は、地域的な行政需要を地域の住民が自己の意思に基づき自己の責任において充足する原則をいう。

❸ 憲法は、地方公共団体の組織及び運営に関する事項は、地方自治の本旨に基づいて、法律でこれを定めると規定しており、これに基づき、自治法等が制定されている。

❹ 一の地方公共団体のみに適用される特別法であっても、国権の最高機関であり、唯一の立法機関である国会は制定できる。

❺ 地方公共団体には、立法機関として議会が置かれる。

....

ヒント：比較でわかる！ 　 住民自治と団体自治

住民自治	地域的な行政需要を**地域の住民**が**自己の意思**に基づき**自己の責任**において充足する原則です。
団体自治	国から独立した地域団体（地方公共団体等）を設け、この団体が**自己の事務**を**自己の機関**により、その**団体の責任**において処理する原則です。

解説　　　　　　　　　　　　　　　　　　　　　　　　　　　正解 **❸**

❶ ✕ **団体自治**の説明です。

　住民自治の原則を具体化するため、憲法は、地方公共団体等の長及び議会の議員の**直接公選制**を定め、自治法では、種々の住民の**直接請求**、**住民投票**、**住民訴訟**等を定めています。

❷ ✕ **住民自治**の説明です。

　団体自治に関する事項として、憲法と自治法は、**都道府県や市町村の設置**とともに、こうした団体が**条例制定権などの権能**を有することを規定しています。

❸ 〇 **憲法92**のとおりです。

❹ ✕ こうした**地方自治特別法**では、**住民投票**が必要です。

　一の地方公共団体のみに適用される特別法は、法律の定めるところにより、その地方公共団体の**住民の投票**においてその**過半数の同意**を得なければ、国会は、制定できません（憲法95）。

❺ ✕ **立法機関**ではなく、**議事機関**です。

　憲法では、**国会は唯一の立法機関**として規定されていますが、地方公共団体に**議事機関として議会を設置**するとされています（憲法93①）。

ここがポイント！ 🖐 憲法における地方自治の規定

92条	地方公共団体の組織及び運営に関する事項は、**地方自治の本旨**に基いて、法律でこれを定める。→自治法等を制定
93条	①地方公共団体には、法律の定めるところにより、その**議事機関として議会を設置**する。 ②**地方公共団体の長**、その議会の**議員**及び法律の定めるその他の吏員は、その地方公共団体の**住民**が、**直接**これを**選挙**する。
94条	地方公共団体は、その財産を管理し、事務を処理し、及び行政を執行する権能を有し、**法律の範囲内で条例を制定**することができる。
95条	**一の地方公共団体**のみに適用される**特別法**は、法律の定めるところにより、その地方公共団体の**住民の投票**においてその**過半数の同意**を得なければ、国会は、これを制定することができない。→**地方自治特別法の規定**

住民の意義・権利義務

問 自治法に規定する住民について妥当なものはどれか。

1 住民は、市町村の区域内に住所を有すればよく、日本国籍の有無は関係ない。

2 住民の要件として、住民基本台帳に登録されていることが挙げられる。

3 住民は、自然人に限られ、法人は住民ではない。

4 住民は、法律の定めるところにより、その属する普通地方公共団体の役務の提供をひとしく受ける権利を有し、その負担を分任する義務を負い、納税等の義務を果たさないものは住民でない。

5 住民は、住民監査請求を行うことができるが、この住民は選挙権を有していなくてはいけない。

解説　　　　　　　　　　　　　　　　　　　　　　　　**正解 1**

1 ○ 法10①のとおりです。

　市町村の区域内に住所を有する者は、当該**市町村及びこれを包括する都道府県の住民**（法10①）と規定され、**住所要件を満たせば、法人、自然人を問わず、**また**日本国籍の有無に限らず、住民**です。ただし、**選挙権**（法18）、条例の制定改廃請求（法74）などは**日本国民たる年齢満18年**以上の者で引き続き**3か月以上住所**を有するものとなっており、国籍要件が定められています。

2 × 住民基本台帳への登録は必要ありません。

3 × **法人も住民です。**

4 × **住所を有すれば、住民です。**

　住民は、法律の定めるところにより、その属する普通地方公共団体の**役務の提供をひとしく受ける権利**を有し、その**負担を分任する義務**を負います（法10②）。ただし、具体的に納税要件等を満たさなければ、住民でないわけではありません。

5 × **選挙権は不要です。**

　住民監査請求は、住民であればよく、国籍、さらには、自然人、法人たるを問いません（法242①、行実昭23.10.30）。

ここがポイント!　　**住民の範囲**

権利の内容		対象となる住民の区分
役務の提供を等しく受ける権利（法10②）		住民（**外国人、法人**含む）
参政権	• 選挙に参加する権利（選挙権（法18）、被選挙権（法19）) • 直接請求権（条例制定改廃、事務監査、議会解散、解職）（法12、13、74〜88） • 当該地方公共団体のみに適用される特別法制定の賛否の住民投票（法261、262）	日本国民たる住民（年齢、居住期間（3か月以上区域内に住所を有する）等の要件有） ※**長の被選挙権は住所要件なし**
	住民監査請求（法242）、住民訴訟（法242の2）	住民（**外国人、法人**含む）
	議会への請願（124）、陳情	他地方公共団体の住民含む（外国人、法人を問わない）

選挙権・被選挙権

問　普通地方公共団体の住民、議会の議員及び長の選挙について妥当なものはどれか。

❶　日本国民たる年齢満30年以上のものは、都道府県知事の被選挙権を有する。

❷　日本国民たる年齢満25年以上のものは、都道府県議会、市町村議会の議員の被選挙権を有する。

❸　日本国民たる年齢満25年以上で、市町村の区域内に住所を有するものは、市町村長の被選挙権を有する。

❹　日本国民たる年齢満18年以上で、市町村の区域内に住所を有する者は、市町村長の選挙権を有する。

❺　都道府県知事の被選挙権を有するものは、3分の1以上の連署をもって、解職を請求することができる。

解説　　　　　　　　　　　　　　　　　　　　　　　　　　**正解 ❶**

❶ ○　都道府県**知事**の**被選挙権は住所要件が不要**です（法19②）。

❷ ×　**議会議員**選挙の**被選挙権は住所要件が必要**です（法19①）。

❸ ×　**市町村長**の**被選挙権も住所要件は不要**です（法19③）。

❹ ×　**３か月以上の居住要件**が必要です（法18）。

❺ ×　**選挙権を有するもの**の1/3以上の連署です（法81①）。

　なお、選挙人の総数が40万超80万以下の場合40万超の1/6と40
万の1/3の合算、80万超の場合80万超の1/8、40万の1/6、40万の
1/3を合算して得た数になります。

ここがポイント！　　選挙権と被選挙権

	選挙権	被選挙権		
		議員	長	
			都道府県知事	市町村長
年齢	満**18**年以上	満**25**年以上	満**30**年以上	満**25**年以上
住所要件※	必要	必要	不要	
国籍	日本国民			

※　住所要件としては引き続き**３か月以上**区域内に住所を有する必要があります。

第2章

議会、議員の権限

兼職兼業の禁止

チェック欄

出る頻度 **A**

問 普通地方公共団体の議会の議員の兼職兼業について妥当なものはどれか。

1 普通地方公共団体の議会の議員は、衆議院議員、参議院議員、他の普通地方公共団体の議会の議員、地方公共団体の常勤職員、短時間勤務職員と兼ねることはできない。

2 普通地方公共団体の議会の議員は、当該普通地方公共団体に対し請負をする法人の監査役と兼ねることはできるが、当該法人の取締役又は執行役とは兼ねることはできない。

3 普通地方公共団体の議会の議員が請負をする法人の取締役となった場合、選挙管理委員会が決定し、失職する。

頻出

4 普通地方公共団体の議会の議員は、当該団体が組織する広域連合の議会の議員を兼ねることができない。

5 普通地方公共団体の議会の議員は、あらゆる附属機関の委員を兼ねることができない。

ヒント：比較でわかる！ 議員の兼職禁止となる職

衆議院議員・参議院議員		法92①
他の地方公共団体の議員　※広域連合等の議員は可能		法92②
地方公共団体の常勤職員　※短時間勤務職員も含む		法92②
普通地方公共団体の長		法141②
副知事・副市町村長		法166②（141②の準用）
行政委員会委員	選挙管理委員会の委員	法182⑦
	教育長、教育委員会の委員	地教法6
	人事（公平）委員会の委員	地公法9の2⑨
	公安委員会の委員	警察法42②
	収用委員会の委員及び予備委員	土地収用法52④

〈肢の狙いはココ!〉　**1**　議員の兼職　　**2**　議員の兼業
3　議員の兼業による失職の手続き　　**4**　広域連合の議員の兼職
5　議員の附属機関の委員の兼職

解説　　　　　　　　　　　　　　　　　　　　　　　　　正解　**1**

1　○　法92①②のとおりです。

2　×　**請負をする法人の監査役も兼ねられません。**

　　当該普通地方公共団体に対し**請負をする者**及びその**支配人**又は主として同一の行為をする**法人の無限責任社員、取締役、執行役**若しくは**監査役**若しくは**これらに準ずべき者、支配人及び清算人**たることができません（法92の2）。

3　×　**議会の出席議員の2/3以上の多数で決定し、失職します。**

　　議会は、**出席議員の2/3以上の多数**によりこれを決定しなければなりません（法127①）。この場合、当該**議員**は、**弁明**はできますが、**決定に加わることができません**（同②）。

4　×　**広域連合の議会の議員は兼職できます。**

　　広域連合の議会の議員又は**長その他の職員**は、当該広域連合を組織する**地方公共団体の議会の議員**又は**長その他の職員**と**兼ねることができます**（法291の4④）。**一部事務組合**も同様（法287②）。

5　×　**附属機関の委員を兼ねることもできます。**

　　都市計画審議会（都道府県都市計画審議会及び市町村都市計画審議会の組織及び運営の基準を定める政令2①、3①）のように附属機関でも議会の議員の任命を規定しているものがあります。

　　普通地方公共団体の機関である**監査委員**も**議会の議員**が**選任されます**が（法196①）、平成30年4月から**条例で議員から監査委員を選任しないことも可能**となりました（同ただし書き）。

ここがポイント!　　議員の兼業禁止の内容

個人請負	**請負人、支配人**
主として同一の行為をする法人（当該普通地方公共団体が出資している法人で政令で定めるものを除く。）	**無限責任社員、取締役、執行役**若しくは**監査役**若しくは**これらに準ずべき者、支配人、清算人**

チェック欄

出る頻度 **A**

問 普通地方公共団体の議会の議決事件として妥当なのはどれか。

1 議会の議決を経た契約の変更については、すべて議会の議決を経なければならず、議決を経た請負金額の減額変更の結果、条例に規定する金額に達しなくなったときでも、さらに議会の議決が必要である。

2 条例で指定する重要な契約の締結については、個々の契約ごとに議会の議決を要するが、地方公営企業の業務に関する契約の締結については、金額が政令で定める基準を超えた場合に限り、議会の議決を要する。

3 不動産の信託について、条例により一般的取扱基準を定めた場合には、改めて個々の行為について、議会による個別議決を要しない。

4 負担付き寄附・贈与には、議会の議決が必要であるが、この負担には建物の維持管理等は含まない。

5 私法上の契約に基づく収入が納入されないまま、年度繰越となり、その後徴収不可能となった場合の欠損措置は、権利の放棄に当たらないので、議会の議決は必要でない。

....

ここがポイント！ 議決事件と押えるべき事項①

(1) 条例の制定改廃	
(2) 予算の決定	発案権は長に専属、発案権の侵害となる増額修正は不可
(3) 決算の認定	認定されなくても効力に影響なし 否決の場合で、長が必要と認める措置を講じたときは議会に報告
(4) 地方税の賦課徴収	
(5) 条例で定める契約の締結	

解説　　　　　　　　　　　　　　　　　　　　　　　　　　　正解 **❹**

❶ ✕　**減額で条例金額に達しない場合不要です**（法96①(5)）。

　　議決を経た請負金額の**減額変更の結果、条例に規定する金額に達しなくなったときは、議決を要しません**（行実昭37.9.10）。

❷ ✕　**地方公営企業の契約について議決は不要です。**

　　公営企業については、重要な契約を議決事件とする法の規定にかかわらず、**議決を要しません**（地公企法40①）。また、**契約の締結以外に、財産の交換等、不動産の信託、財産の取得処分等も議決事件から除外されています。**

❸ ✕　**不動産の信託については議決が必要です。**

　　不動産を信託することは**議決事件**となっており、条例等で一般基準を設ければ除外できる規定となっていません（法96①(7)）。一方、**財産の交換等については条例により一般基準を設けた場合、個々の行為について議決を要しません**（同①(6)）。

❹ 〇　行実のとおりです。

　　負担付き寄附・贈与には議決が必要ですが（法96①(9)）、この負担には**寄附物件の維持管理は含みません**（行実昭25.6.8）。

❺ ✕　**権利の放棄に当たり、議決が必要です。**

　　権利の放棄には議決が必要であり（法96①(10)）、私法上の契約に基づく収入が納入されないまま、年度繰越となり、その後徴収不可能となった場合の欠損措置は「権利の放棄」として議会の議決を要します（行実昭28.3.19）。

ここがポイント!　　議決事件と押えるべき事項②

(6) 財産の交換等	条例で一般基準を設けた場合個々の行為の議決は不要
(7) 不動産の信託	
(8) 財産の取得処分	
(9) 負担付き寄附・贈与	建物の**維持管理**等は**除く**（行実昭25.6.8）

15 議決事件②

問 普通地方公共団体の議会の議決事件として妥当なのはどれか。

頻出

1 地方公共団体の有する権利を放棄するには議会の議決が必要であるが、権利の放棄には権利者の意思行為により権利を消滅させる場合だけではなく、単に権利を行使しない場合も含まれる。

2 普通地方公共団体は、当該普通地方公共団体が設置するすべての公の施設について、条例で定める長期かつ独占的な利用をさせる場合には、議会の議決を経なければならない。

頻出

3 地方公共団体が当事者として訴えを提起する場合は、議会の議決が必要であるが、被告となって応訴する場合は、議会の議決を要しない。

4 普通地方公共団体の区域内の公共的団体等の総合調整は長の権限であり、議会の議決は要しない。

5 普通地方公共団体は、法定受託事務に係るものを含め、普通地方公共団体に関する事件については、いかなるものであっても条例で議会の議決すべきものを定めることができる。

....

ここがポイント！ 議決事件と押えるべき事項③

(10) 権利の放棄	単に権利を行使しないことは含まず
(11) 重要な公の施設の独占利用	条例で定める重要な公の施設は過半数、このうち、**特に重要な施設**の場合、出席議員の2/3以上の同意が必要
(12) 審査請求等	**応訴する場合は含まず**
(13) 損害賠償額の決定	
(14) 区域内の公共的団体等の総合調製	
② 議決事件の追加	**法定受託事務**について**国の安全**に関すること等は**除く**

解説　　　　　　　　　　　　　　　　　　　　　　　　　　　正解 **3**

1　×　**単に権利を行使しない場合は不要です。**

　法律若しくはこれに基づく**政令**又は**条例**に**特別の定めがある**場合を除くほか、**権利を放棄**することは**議決事件**ですが（法96①(10)）、**単に権利を行使しない場合**は含まれません。

2　×　**すべてでなく、条例で定める重要な公の施設です。**

　条例で定める重要な公の施設につき**条例で定める長期かつ独占的な利用**をさせる場合には議会の議決が必要です（法96①(11)）。特に、**条例で定める重要な公の施設**のうち**条例で定める特に重要なもの**を廃止し、又は**条例で定める長期かつ独占的な利用**をさせようとするときは、**出席議員の2/3以上の者の同意**を得なければなりません（法244の2②）。

3　○　前半は法96①(12)のとおりで、**応訴は不要**です。

　普通地方公共団体がその当事者である**審査請求**その他の**不服申立て、訴えの提起、和解、あつせん、調停及び仲裁**に関することは議会の議決が必要です（法96①(12)）。ただし、**応訴**する場合は**議会の議決は不要**です。

4　×　**議会の議決が必要です**（法96①(14)）。

　区域内の**公共的団体等の活動の綜合調整**を図るため、長はこれを**指揮監督**できますが（法157①）、**議会の議決が必要**です。公共的団体等とは、公共的な活動を営むものはすべて含まれ、法人であるなしは問いません（行実昭24.8.15など）。なお指揮監督は議決による委任により長の裁量で行うことも可能です（行実昭22.5.29）。

5　×　**法定受託事務については例外があります。**

　法定受託事務については、**国の安全に関すること**その他の事由により議会の議決すべきものとすることが適当でないものとして**政令で定めるもの**を除き、議決事件に追加できます（法96②）。

問 普通地方公共団体の意見表明権について妥当なものはどれか。

頻出

1 普通地方公共団体の長は、当該普通地方公共団体の議会の議決を経べき事件につき議案を提出する権限を有するため、当該普通地方公共団体の公益に関する事件につき、当該普通地方公共団体の議会から関係行政庁に提出する意見書の議案を議会に提出することができる。

2 意見書の提出先は、関係行政庁とされ、これは国の行政庁に限られ、他の地方公共団体に意見書を提出することはできない。

3 議会の議決を経れば、関係行政庁である裁判所にも意見書を提出することができる。

4 議会から提出された意見書に対して、関係行政庁は、その対応を回答しなくてはならない。

5 関係行政庁には、地方公共団体の関係する省庁のみならず、防衛大臣等も含まれ、意見書を提出することができる。

解説　　　　　　　　　　　　　　　　　　　　　　　　　　　正解 ❺

❶　✕　長は、意見書の提出の議案は提案できません。

　「意見書」は、当該普通地方公共団体の公益に関する事件につき、議会の機関意思を意見としてまとめた書類をいいます。意見書原案の発案権は議員にあります（行実昭25.7.20）。

❷　✕　他の地方公共団体の機関にも提出できます。

　国会又は関係行政庁に提出できますが（法99）、この関係行政庁とは、国の行政機関のほか、地方公共団体の行政機関（当該地方公共団体の行政機関も含む。）も該当します。

❸　✕　裁判所は関係行政庁に含まれません。

　「関係行政庁」は、意見書の内容について権限を有する行政機関の意であり、行政庁であるから、裁判所等は含まれません。

❹　✕　回答する必要はありません。

　関係行政庁等には受理する義務があり、誠実に処理しなければなりませんが、意見書に対して回答、その他積極的行為をする義務はありません。

❺　〇　国の行政機関を含みます。

　地方公共団体が直接関係する総務大臣等に限られず、防衛大臣等にも提出が可能です。

17 調査権①

チェック欄

問 普通地方公共団体の議会の調査権として妥当なものはどれか。

1 調査権は、当該地方公共団体に関係する住民や法人の間で法律上の争いがある場合に、議会が準司法機関的な役割を果たすために認められた制度である。

2 調査権の対象は、当該地方公共団体の事務全般であるが、当該地方公共団体と協定を結んでいる他の地方公共団体についても対象とすることができる。

3 普通地方公共団体の議会は、当該普通地方公共団体の法定受託事務のうち国の安全を害するおそれのあるものなどについては、調査を行うことができない。

頻出

4 普通地方公共団体の議会の常任委員会は、その部門に属する当該普通地方公共団体の事務に関する調査を行い、特に必要があると認めるときは、選挙人その他の関係人の出頭及び証言並びに記録の提出を請求することができる。

5 調査権は、緊急な場合は、議会の議決に基づかず議長の専決により行使することができる。

．．

ここがポイント! 法定受託事務等の検査権等の範囲

	自治事務	法定受託事務
地方議会の議決事件の追加 （法96②）		国の安全に関すること などは除く
地方議会の検査（法98①） 地方議会の監査権（法98②） 地方議会の調査権（法100①）	原則及ぶ（労働委員会 及び収用委員会の権限 に属するものは対象外）	原則及ぶ（国の安全を 害するおそれがあるも のなどは対象外）

解説　　　　　　　　　　　　　　　　　　　　　　　　　　　　正解 ❸

❶　×　準司法機関的な役割はありません。

　　議会の調査権は、監視権等の1つとして位置づけられ、議決権
その他の権限を有効適切に行使するため、国会の国政調査権と同
様に、地方公共団体の議会にも認められています。

❷　×　協定を締結している他の団体は対象になりません。

　　調査権の対象は当該地方公共団体の事務が対象です（法100①）。

❸　○　国家の安全を害するものなどは調査できません。

　　法定受託事務について、国の安全を害するおそれがあることそ
の他の事由により議会の調査の対象とすることが適当でないもの
として政令で定めるものには調査権が及ばず（法100①）、個人の
秘密を害することなどにも及びません（令121の5②で令121の4②
を準用）。法定受託事務は議決事件の追加等も一部対象となりま
せん（法96②）。「3普通地方公共団体の事務」参照。

❹　×　調査権は、議会が行使できます。

　　議会は、当該普通地方公共団体の事務に関する調査を行うこと
ができるのであって（法100①）、委員会には、調査権は付与され
ていません。ただし、委員会に委任できます（行実昭24.4.11）。

❺　×　議会の議決が必要です。

　　調査の主体は議会であり、行使には議決が必要です。なお、議
長は議事整理権や議会代表権を有し、議会を代表しますが（法
104）、議長の専決で行えることは、閉会中の副議長の退職許可
（法108ただし書き）などに限られます。

問 議会の調査権等について妥当なものはどれか。

1 普通地方公共団体の議会は、調査権の行使に当たり、実地の調査の必要のあるときは監査委員に行わせなければならない。

（頻出）

2 普通地方公共団体の議会は、選挙人その他の関係人が公務員たる地位において知り得た事実については、その者から職務上の秘密に属するものである旨の申立を受けたときは、当該官公署の承認がなければ、当該事実に関する証言又は記録の提出を請求することができない。

（頻出）

3 普通地方公共団体は、条例の定めるところにより、その議会の議員の調査研究その他の活動に資するため必要な経費の一部として、その議会における会派又は議員に対し、政務活動費を交付することができるが、この場合において当該政務活動費の交付の対象、額及び交付の方法、充てることができる経費の範囲は、議会の規則で定めなければならない。

4 政務活動費の交付を受けた会派又は議員は、条例の定めるところにより、当該政務活動費に係る収入及び支出の報告書を普通地方公共団体の長に提出しなければならず、当該普通地方公共団体の長は、政務活動費について、その使途の透明性の確保に努める義務を負う。

5 普通地方公共団体の議会は、議員の調査研究に資するため、図書室を附置し、送付を受けた官報、公報及び刊行物等を保管して置かなければならないが、当該図書室は、一般にこれを利用させることができない。

解説　　　　　　　　　　　　　　　　　　　　　　　　　　　　正解　**2**

1　✕　議会の調査権に実地調査を含みます。

　　法98①の検査権については、実地について事務の検査を行うことは許されず、必要があるときは法98②の規定により行うべきとされるのとは異なります（行実昭28.4.1）。

2　○　法100④前段のとおりです。

　　官公署が承認を拒む場合には、**理由を疎明**する必要があります（法100④後段）。議会がその疎明を理由がないと認めるときは証言等の提出が公の利益を害する旨の声明を要求することができます（同⑤）。

3　✕　交付の対象等も**条例**で定めなければなりません。

　　条例では、①**交付の対象**、②**額**、③**交付の方法**、④**充当できる経費の範囲**を定めなくてはなりません（法100⑭）。

4　✕　長ではなく**議長**です。

　　政務活動費の交付を受けた会派又は議員は、**条例の定めるところ**により、当該政務活動費に係る**収入及び支出の報告書**を**議長**に**提出**し（法100⑮）、**議長**は、政務活動費の**使途の透明性の確保**に努めなければなりません（同⑯）。

5　✕　一般に利用させることができます（法100⑳）。

　　前段は法100⑲のとおりですが、一般利用も可能です。

ここがポイント！　　調査権の違い

①	出頭の請求等も可能（法100①後段） 正当な理由なく、拒んだ場合、６か月以下の禁錮又は10万円以下の罰金（同③）
②	公務員が知り得た職務上の秘密でも、官公署の承認を得て提出させることが可能、官公署が拒む場合、理由の疎明が必要（同④）
③	虚偽の陳述をした関係人には、３か月以上、５年以下の禁固（同⑦）

問 普通地方公共団体の議会の会議について妥当なものはどれか。

1 議会は、原則として、議員の定数の半数以上の議員が出席しなければ、会議を開くことができないとされており、半数以上の議員の中には議長も含まれる。

（頻出）

2 議長が議員定数の過半数の者からの請求により、その日の会議を開いたときは、議長の判断でその日の会議を閉会又は中止することができる。

（頻出）

3 普通地方公共団体の議会は、議員の定数の半数以上の議員が出席しなければ 会議を開くことができないが、臨時会において同一の事件につき再度招集してもなお半数に達しないときに限り、会議を開くことができる。

4 普通地方公共団体の議会の議員の定数の半数以上の者から請求があるときは、議長は、その日の会議を開かなければならないが、会議規則で定めた会議時間経過後に、開議請求があったときは、議長は、その日の会議を開かなくてもよい。

5 議員定数の半数以上のものが開議を請求した場合で、議長がなお会議を開かない場合は、長が会議を開く。

. . . .

ここがポイント！ 定足数の例外

①	**除斥**のため**半数に達しない**とき
②	同一の事件につき**再度招集**してもなお**半数に達しない**とき
③	招集に応じても出席議員が定数を欠き**議長**において出席を**催告**してもなお**半数に達しない**とき
④	半数に達しても**その後半数に達しなくなった**とき

解説　　　　　　　　　　　　　　　　　　　　　　　　正解 **1**

1 〇　前段は法113のとおりで、**議長も定足数に含みます**。

定数に**議員たる議長をも算入**します（行裁昭4.6.15）。

2 ×　**議長の判断で閉会・中止できません**。

議員の請求により会議を開いたとき、又は**議員中に異議がある
とき**は、会議の議決によらない限り、議長はその日の**会議を閉
じ、または中止することはできません**（法114②）。

3 ×　**同一の事件**につき**再度招集しても半数に達しない場合に限
りません**。

ここがポイント！　のとおり、**定足数の例外として4つが定め
られています**（法113ただし書き）。

4 ×　**開かなくてはなりません**。

前半は法114①のとおりです。また、会議規則で定めた**会議時
間経過後**において**開議請求があったとき**は、議長はその日の**会議
を開かなくてはなりません**（行実昭32.12.24）。

5 ×　**副議長が会議を開きます**。

議長が会議を開かないときは、**副議長が職務を行い、副議長に
事故あるとき**は、**仮議長を選出**することになります（法114①後段
（106①②の例））。

ここがポイント！ 議会の原則

①	会議公開の原則（法115①本文）	議会の会議は公開とするもの 例外 **秘密会**
②	定足数の原則（法113本文）	議会の会議は議員定数の**半数以上の出席**を要するとするもの 例外 **除斥**など
③	多数決の原則（法116①）	議会の議事は出席議員の**過半数で決する**とするもの 例外 比較多数、特別多数あり
④	会期不継続の原則（法119）	会期中に議決に至らなかった事件は、**後会に継続しない**とするもの 例外 **委員会の閉会中審査**
⑤	一事不再議の原則	一度議決した議案は、同一会期中は再度議決することはできないとするもの

20 議長・副議長の地位・選挙

問 普通地方公共団体の議会の議長・副議長の地位・選挙について妥当なものはどれか。

頻出

1 普通地方公共団体の議会は、議員の中から議長及び副議長一人を選挙しなければならず、一般選挙後初めての議会において、議長の職務を行う者がないときは、出席議員中の年長の議員が臨時議長となり議長を選挙する。

2 議員の任期は4年だが、議長及び副議長の任期の定めはなく、議長及び副議長は、議会の許可を得て辞職することができる。

頻出

3 普通地方公共団体の議会の議長に事故があるときは副議長が議長の職務を行うが、議長が欠けたときは、副議長が議長の職務を行わず、仮議長を選挙し、議長の職務を行わせなければならない。

頻出

4 普通地方公共団体の議会の議長は、議会の開会中は、議会の許可を得て辞職することができ、議会の閉会中においては、議会の許可を得ずに議長たる職を辞することができる。

頻出

5 普通地方公共団体の議会の議長又は副議長は、不信任議決を受けた場合、当該不信任議決によってその職を失うものであり、当該不信任議決に対する訴訟を提起することができる。

ヒント：比較でわかる！ **!** 議長・副議長の事故等への対応

議長	副議長	措置
事故	事故	→ 年長議員が臨時議長 → 仮議長を選挙、代行させる
		※仮議長の選任を議員に委任可
欠	欠	→ 同上 → 議長を選挙（その後副議長を選挙）
事故	—	→ 副議長が代行
欠	—	→ 同上 → 議長を選挙
—	事故	→ そのまま
—	欠	→ 副議長を選挙

解説　　　　　　　　　　　　　　　　　　　　　　　　　　　　正解 **1**

1 **○**　法103①、107のとおりです。

　　議長・副議長の選挙や仮議長の選挙を行う場合で、議長の職務を行う者がないときは、**年長の議員が臨時議長**として職務を行います（法107）。

2 **×**　議長等の任期は**4年**です。後段は法108のとおりです。

　　議長及び副議長の任期は、議員の任期によるとされています（法103②）。実際には、議会の申し合わせなどによって、途中で議長・副議長が交代する場合も多いので注意が必要です。

3 **×**　議長が欠けたときも副議長が職務を行います。

　　議長・副議長の両者に**事故があるときは、仮議長を選挙**し、議長の職務を行わせることになりますが（法106②）、議長・副議長が**欠けたときは選挙**を行うことになります。また、議会は、仮議長の選任を議長に委任することがでます（同③）。

4 **×**　議長は、閉会中は辞職できません。

　　議長・副議長は許可を得なければ絶対に辞職できません（行実昭22.10.6）。副議長は、閉会中であっても、議長の許可を得て辞職できます（法108ただし書き）。

5 **×**　不信任議決では職を失いません。

　　議長・副議長の不信任議決の規定は自治法にはなく、その議決で、職を失うことはなく、訴訟もできません（行実昭23.8.7）。

ここがポイント！　　議長の採決権

通常採決	可否同数のときのみ、議長が決する 出席議員に議長は含めない ※定足数には含む
特別議決	議長は出席議員に含め、表決権あり

議長の役割等

問 普通地方公共団体の議会の議長・副議長の役割として妥当なものはどれか。

1 普通地方公共団体の議会の議長は、議場の秩序を保持し、議事を整理し、議会の事務を統理しなければならず、委員会に出席し、議長として議事整理権や議会事務統理権の立場からは発言できるが、議事の内容に立ち入って質疑することはできない。

2 普通地方公共団体の議会又は議長の処分又は裁決に係る普通地方公共団体を被告とする訴訟については、議長が当該普通地方公共団体を代表する。

3 普通地方公共団体の議会の会議中、議場の秩序を乱す議員があるときは、議長は、これを制止し、又は発言を取り消させ、その命令に従わないときは、その日の会議の終わるまで発言を禁止できるが、議場の外に退去させることはできない。

4 普通地方公共団体の議会の会議中、議場が騒然として議長が整理することが困難である場合において、議員中に閉議に異議がある者がいるときは、議長は職権で閉議することはできない。

頻出

5 傍聴人が会議を妨害するとき、議長は、これを制止し、その命令に従わないときは、これを退場させることができ、必要がある場合においては、これを警察官に引き渡すことができるが、その際には当該普通地方公共団体の長と協議しなければならない。

解説　　　　　　　　　　　　　　　　　　　　　　　　正解 **2**

1 ✕　議事の内容に立ち入って質疑できます。

普通地方公共団体の議会の**議長**は、**委員会に出席**し、**発言する**ことができ（法105）、議事整理権の立場からのみでなく、**内容に立ち入って質疑し**、意見も陳述できます（行実昭27.6.21）。

2 ○　法105の2のとおりです。

3 ✕　議場の外に退去させることもできます。

議長は、**議場の秩序を取り乱す議員**に対して、**制止、発言の取消**、さらに命令に従わないとき、**発言の禁止、議場外への退去**を行えます（法129①）。

4 ✕　閉議することができます。

議場が騒然として整理することが困難であるときは、その日の**会議を閉じ、又は中止**でき（同②）、議員中に閉議に**異議がある**者があっても、議長は職権で閉議できます（最裁判昭33.2.4）。

5 ✕　長と協議せず、警察官に引き渡せます（法130①）。

傍聴席が騒がしいときは、**議長**は、すべての**傍聴人を退場させ**ることができます（同②）。また、議長は、**会議の傍聴に関し必要な規則を設けなければなりません**（同③）。

ここがポイント！　議場の秩序維持

①	**議場の秩序維持**（法129）	秩序を乱す議員に対し、**制止、発言の取消**、命令に従わない場合、**発言禁止、議場外退去**
②	**傍聴の取扱い**（法130）	傍聴人が会議を妨害するとき、議長は**制止** 命令に従わない場合、**退場、警察官引き渡し**
③	**議長の注意の喚起**（法131）	議場の秩序を乱し、妨害するものに、**議員は議長の注意を喚起**
④	**品位の保持**（法132）	会議等で議員は無礼の言葉の使用や私生活の議論はできない
⑤	**侮辱に対する処置**（法133）	**侮辱を受けた議員**は議会に訴えて**懲罰処分**を求めることができる（本人一人でも可）

チェック欄

問 普通地方公共団体の議会の委員会について妥当なものはどれか。

頻出

1 普通地方公共団体の議会は、条例で、常任委員会、議会運営委員会及び特別委員会を置くことができるが、議会の委員会制度は普通地方公共団体の組織に関する事項であるため、委員会に関する条例の提案権は長に専属する。

2 普通地方公共団体の議会の特別委員会は、当該普通地方公共団体の事務に関する調査又は審査のため必要があると認めるときは、参考人の出頭を求め、その意見を聴くことができる。

3 普通地方公共団体の議会の議会運営委員会は、議会の運営に関する事項、議会の会議規則等に関する事項及び議長の諮問に関する事項について調査を行うこができるが、議案及び請願を審査することはできない。

頻出

4 条例案の議会への提案権は、普通地方公共団体の長及び議会の議員の双方が有しているが、議会の委員会は提案権を有していない。

5 普通地方公共団体の議会の常任委員会は、議会の議決により付議された特定の事件につき議会閉会中も審査することができるが、議会運営委員会は、議会の議決により付議された特定の事件について、議会閉会中に審査することができない。

解説 正解 **2**

1 ✕ 提案権は**議員**に専属します。

　　委員会設置条例（法109①）や、**議会事務局設置条例**（法138②）
の提案権は**議員に専属**します。

2 ○ 議会同様に委員会も**参考人の出頭**を求められます。

　　議会は**参考人の出頭**を求められ（法115の2②）、委員会も同様で
す（法109⑤）。なお、**特別委員会**は、**議会の議決**により**付議**され
た事件を審査します（同④）。

3 ✕ **議案・請願の審査**も可能です。

　　議会運営委員会は、①議会の運営に関する事項、②議会の会議
規則、委員会に関する条例等に関する事項、③議長の諮問に関す
る事項に関する調査を行い、**議案、請願等**を審査します（法109
③）。

4 ✕ **委員会も提案権**を有します。

　　議会の委員会は、**予算を除き**、議会の議決すべき事件のうちそ
の部門に属する当該普通地方公共団体の事務に関するものにつ
き、**文書**で、**議会に議案を提出**することができます（法109⑥⑦）。

5 ✕ **議会運営委員会も閉会中審査**が可能です。

　　委員会は、議会の議決により付議された特定の事件について
は、**閉会中も、なお、これを審査**することができます（法109⑧）。

ここがポイント! 委員会の権限

常任委員会（法109②）	部門に属する事務に関する調査を行い、議案、請願等を審査
議会運営委員会 （法109③）	次の事項に関する調査を行い、議案、請願等を審査 ① 議会の運営に関する事項 ② 議会の会議規則、委員会に関する条例等に関する事項 ③ 議長の諮問に関する事項
特別委員会（法109④）	議会の議決により付議された事件を審査

問 普通地方公共団体の議会の会議について妥当なものはどれか。

頻出

❶ 普通地方公共団体の議会の議員は、議会の議決すべき事件につき、議会に議案を提出することができるが、予算について議案を提出するに当たっては、議員の定数の12分の1以上の者の賛成がなければならない。

❷ 議会の議員は、議員の定数の12分の1以上の者の賛成があれば、議会に議案を提出することができ、この12分の1には議案の提出者を含む。

頻出

❸ 普通地方公共団体の議会の議事は、自治法に特別の定めがある場合を除いて、出席議員の過半数でこれを決するが、この場合において、議長は、議員として議決に加わる権利を有する。

❹ 普通地方公共団体の議会が議案に対する修正の動議を議題とするためには、議長又は議員3人以上の発議によらなければならず、この議長又は議員の発議は、討論を行わないでその可否を決しなければならない。

❺ 長は、議会の審議に必要な説明のため議長から出席を求められたときは、正当な理由があっても、出席しなければならず、無理な場合でも代理を出席させなくてはならない。

解説　　　　　　　　　　　　　　　　　　　　　　　　　　　　　**正解 2**

1 ✕　**予算は提出できません。**

　議会に予算の提案権はなく（法112①ただし書き）、**増額修正**等は**可能**ですが、**長の提案権を侵害できません**（法97②）。

2 ○　**1/12であり、提出者を含みます。**

　議案提出には議員定数の**1/12以上**の賛成が必要ですが（法112②）、これには**議案提出者を含みます**（行実昭31.9.28）。

3 ✕　**議長は議決に加わる権利を持ちません。**

　可否同数のときは、議長の決するところによるとされ（法116①）、議長には**表決権がありません**。

4 ✕　修正の動議にも**議員定数の1/12以上**の発議が必要です（法115の3）。

　選択肢は秘密会（法115①ただし書き、同②）の説明です。

5 ✕　**正当な理由で、議長に届け出れば義務はありません。**

　長以外の委員会の代表者又は委員も同様です（法121①）。

ここがポイント！　　**議案の提出権者**

	提出権者	議決事件の種類・内容・例
1　団体意思の決定	**議員及び長**（原則）	**事務所の位置を定める条例**（法4）、**議員定数条例**（法90①、91①）、その他条例
	長のみ（執行機関の自己組織権に関わるもの）	**予算**（法109⑥ただし書き、112①ただし書き）、**支庁・地方事務所等設置条例**（155①②）、**行政機関設置条例**（法156①②）、**直近下位の内部組織条例**（法158①）など
	議員のみ（議決機関の自己組織権）	**委員会設置条例**（法109①⑨）、**議会事務局設置条例**（法138②）など
2　機関意思の決定	**議員のみ**	関係行政庁への**意見書提出**（法99）、**議員の資格決定**（法127①）、**議員の懲罰**（法134①）、**不信任議決**（法178①②）
3　長の事務執行の前提要件	**長のみ**	**副知事・副市町村長の選任**（法162）、**監査委員の選任**（法196①）など

秘密会、公聴会、除斥制度

出る頻度 **A**

問 普通地方公共団体の議会の運営について妥当なものはどれか。

頻出

1 議会は会議公開の原則の例外として、議長の発議により、十分な討論を経ずに、出席議員の半数以上の多数で議決したときは、秘密会を開会することができる。

頻出

2 普通地方公共団体の議会は、会議において、予算その他重要な議案、請願等について公聴会を開き、真に利害関係を有する者から意見を聴くことはできるが、学識経験を有する者から意見を聴くことはできない。

頻出

3 普通地方公共団体の議会の議長及び議員は、自己若しくは父母、祖父母、配偶者、子、孫若しくは兄弟姉妹の一身上に関する事件又は自己若しくはこれらの者の従事する業務に直接の利害関係のある事件については、その議事に参与することができないが、議会の同意があったときは、会議に出席し、発言することができる

4 普通地方公共団体の議会の議員が当該普通地方公共団体から補助金を受ける団体の長である場合、その予算の審議には加わることはできない。

頻出

5 議長が事務局長又は書記長に作成させる会議録は、議長及び議会において定めた二人以上の議員が署名しなければならないため、電磁的記録で作成した場合であっても、必ず書面でも作成しなくてはならない。

解説　　　　　　　　　　　　　　　　　　　　　　　　　**正解 3**

1　×　**討論を行わないで決します。出席議員**の2/3以上の多数の
議決が必要です。

　　3人以上の議員でも発議できます（法115①ただし書き）。

2　×　**学識経験者**からも意見を聴けます（法115の2①）。

　　なお、議会は、議案の審査又は事務の調査に必要な**専門的事項
に係る調査を学識経験者**等にさせることができます（法100の2）。

3　○　法117のとおりです。

4　×　予算の審議には加わることはできます。

　　PTAに対する補助金交付の請願書が提出された場合PTA会長
の職にある議員は除斥されますが（行実昭38.12.25）、選択肢の
ように、補助金が計上されている団体の予算の審議では除斥され
ません（行実昭31.9.28）。

5　×　**電磁的記録だけ**でも認められます（法123①②）。

　　電磁的記録による場合は、議長及び議会において定めた2人以
上の議員が当該電磁的記録に総務省令で定める**署名に代わる措置**
をとらなければなりません（同③）。

ここがポイント！　　除斥制度の原則と例外

当事者	除斥事項	例外
議会の議長・議員（法117）	議会の議事への参与	同意があれば出席発言可能
選挙管理委員会の委員長・委員（法189②）	委員会の議事への参与	同意があれば出席発言可能
監査委員（法199の2）	監査	なし

※　除斥の対象は
　①　自己、配偶者、二親等以内の親族の一身上に関する事件。
　②　①の従事する業務に直接利害関係のある事件。

問 普通地方公共団体の議会への請願につき妥当なものはどれか。

頻出

❶ 普通地方公共団体の議会に請願しようとする者は、日本国民たると外国人たるとを問わないが、当該普通地方公共団体の住民に限られる。

❷ 普通地方公共団体の議会閉会中に所定の要件を備えた請願が提出され、議長がこれを受理したが、議会に付議する前に辞職によって当該請願に係る紹介議員がすべてなくなった場合、新たな紹介議員を付する必要はない。

頻出

❸ 普通地方公共団体の議会の議長は、法定の形式を具備している請願であっても、明らかに当該団体の事務に関する事項でないと認められる請願については、受理を拒むことができる。

❹ 普通地方公共団体の長は、当該普通地方公共団体の議会が採択した請願の送付を受けた場合、必ず採択した請願のとおり措置しなければならないという法的な拘束を受ける。

頻出

❺ 普通地方公共団体の議会は、その採択した請願で当該普通地方公共団体の人事委員会において措置することが適当と認めるものを、当該人事委員会に送付し、かつ、その請願の処理の経過及び結果の報告を請求することができる。

ここがポイント！ 請願への対応

事項の制限なし	当該普通地方公共団体の事務と全く関係ない事項も可能
閉会中も可能	閉会中も議長が受理（行実昭48.9.25）
結果の請求	請願を関係執行機関に送付し、処理の経過、結果の報告を請求可能（法125）
拘束力なし	誠実に処理しなくてはいけないが、拘束されない

解説 正解 **5**

1 × 住民に限られません。

　普通地方公共団体の議会に請願しようとする者とは、当該普通地方公共団体の住民のみならず、他の**すべての住民**（**自然人**たると**法人**たるとを問わない。）をさし（行実昭25.3.16）、**議員の紹介**があれば可能です（法124）。

2 × 付議されていない場合、新たな紹介議員が必要です。

　請願受理後、すでに**審議中**に紹介議員が死亡した場合はその**請願を引き続き審査**してさしつかえありませんが（行実昭39.7.24）、議長が受理したにすぎない場合には、新たな紹介議員を付す必要があります（行実昭49.4.2）。なお、**請願を取り下げる**場合には**議会の同意が必要**です（行実昭28.4.6）。

3 × 拒むことはできません。

　明らかに当該**地方公共団体の事務に関する事項でない**と認められる請願も、受理を**拒むことはできません**が、権限外の事項については**不採択**するほかありません（行実昭25.12.27）。会期最終日で**審議時間がない**場合でも**受理**すべきです（行実昭48.3.26）。

4 × 拘束されません。

　当該執行機関は、この請願を**誠実に処理**しなければなりませんが、その内容に**法的に拘束されるものではありません**。

5 ○ 法125のとおりです。

　議会は、採択した請願で、長、教育委員会、選挙管理委員会、人事委員会若しくは公平委員会、公安委員会、労働委員会、農業委員会、監査委員などの**委員会等で措置することが適当**と認めるものに送付し、**請願の処理の経過**及び**結果の報告**を請求することができます（法125）。

問 普通地方公共団体の議会の懲罰等について妥当なものはどれか。

1 普通地方公共団体の議会の会議において、侮辱を受けた議員は、これを議会に訴えて処分を求めることができるが、委員会において侮辱を受けた議員については、これを議会に訴えて処分を求めることができない。

2 普通地方公共団体の議会は、自治法並びに会議規則及び委員会に関する条例に違反した議員に対し、議決により懲罰を科することができるが、議場外における行為は、一切懲罰事由とすることができない。

（頻出）

3 普通地方公共団体の議会の議員が会議規則に違反して秘密会の議事をもらした場合、その秘密性が継続しても、次の会期において懲罰を科することはできない。

（頻出）

4 普通地方公共団体の議会は、除名された議員で再び当選した議員を拒むことができ、その者が議員として活動することを認める必要はない。

（頻出）

5 普通地方公共団体の議会の議員が正当な理由がなくて招集に応じないため、又は正当な理由がなくて会議に欠席したため、議長が、特に招状を発しても、なお故なく出席しない者は、議長において、議会の議決を経て、これに懲罰を科することができる。

解説 正解 **5**

1 × **委員会**で**侮辱**を受けた場合も**同様**です。

議会の**会議**又は**委員会**が対象となっています（法133）。また、処分は**懲罰処分の**ことを指し（行実昭22.8.8）、侮辱を受けた議員が訴えるときは懲罰動議を議題とするために必要な1/8以上の者の発議といった**要件**は**不要**で（行実昭31.9.28）、一人で処分を求めることができます。

2 × 議場外でも**秘密会の情報漏洩等は対象**となります。

議場外の行為は通常**対象外**ですが、**秘密会の議事**を外部に漏らす行為に対しては**懲罰を科せます**（行実昭25.3.18）。

3 × 懲罰を科すことができます。

秘密性が継続する限り、**次の会期でも懲罰を科せます**（行実昭25.3.18）。

4 × **再び当選した議員を拒めません**（法136）。

5 ○ 法137のとおりです。

この場合、会議規則に関係なく、**議長**が**提案**して議決することになります（行実昭29.5.12）。

ここがポイント！ 懲罰の種類と手続き

種類	手続き
1　公会議場での**戒告** 2　公会議場での**陳謝** 3　一定期間の**出席停止**	議員定数の半数以上の出席で、過半数の同意
4　**除名**	在職議員の**2/3以上**の出席で、その**3/4以上**の同意

※ 議員定数の1/8以上の者の発議が必要。

問 普通地方公共団体の議会の権限として妥当なものはどれか。

❶ 普通地方公共団体の議会は、当該普通地方公共団体の法定受託事務のうち、国の安全を害するおそれがあることその他の事由により議会の検査の対象とすることが適当でないものとして政令で定めるものは、書類及び計算書を検閲し、長等に報告を請求し、事務の管理、議決の執行及び出納を検査することができない。

❷ 普通地方公共団体の議会は、当該普通地方公共団体の自治事務は、すべて検査を行うことができる。

❸ 普通地方公共団体の議会は、当該普通地方公共団体の事務に関し、事務の管理、議決の執行及び出納を検査することができ、この権限には、実地検査も含まれる。

❹ 普通地方公共団体の議会は、監査委員に対し、すべての事務に関する監査を求め、監査の結果に関する報告を請求することができる。

❺ 普通地方公共団体の議会は、普通地方公共団体の事務について検査を行うことができるが、委員会に委任して行わせることはできない。

ヒント：比較でわかる！ **!** 検閲・検査及び監査の対象

自治事務	**労働委員会**及び**収用委員会**の権限に属する事務で政令で定めるものを除く（法98）
法定受託事務	**国の安全を害するおそれがあること**その他の事由により議会の検査の対象とすることが適当でないものとして政令で定めるものを除く（法98）

解説　　　　　　　　　　　　　　　　　　　　　　　　　　　**正解　1**

1　**○**　法98①の規定です。

2　**✕**　**自治事務にも例外があります。**

　　自治事務であっても、**労働委員会**及び**収用委員会**の権限に属す
る事務で、政令で定めるものを除きます（法98①）。

3　**✕**　**実地検査は含まれません。**

　　議会は、**実地について事務を検査することは許されず**、そのよ
うな必要があるときは、法98②の規定により、**監査委員の監査を
求める**べきです（行実昭28.4.1）

4　**✕**　**監査権も検査権と同様に制限があります。**

　　自治事務では**労働委員会**及び**収用委員会**の権限に属する事務の
うち、政令で定めるもの、**法定受託事務**では**国の安全を害するお
それがあること**その他の事由により議会の検査対象とすることが
適当でないものとして政令で定めるものを除きます（法98②）。

5　**✕**　**議会の委員会に委任できます。**

　　議決により常任委員会又は特別委員会に委任して行わせること
ができますが、外部に対しては議長名ですべきとされます（行実
昭24.4.11）。

　　　　　　　　　　ここがポイント!　✍　**検査権の内容**

①	事務に関する**書類**及び**計算書の検閲**
②	長その他の執行機関の**報告の請求**

※　実地検査は含みません。

問 議会の招集について妥当なものはどれか。

1 普通地方公共団体の議会の議長は、自らの意思で、当該普通地方公共団体の長に対し、会議に付議すべき事件を示して臨時会の招集を請求することができる。

2 議員の定数の4分の1以上の者は、議会運営委員会の議決を経て、長に対し、会議に付議すべき事件を示して臨時会の招集を請求することができる。

3 臨時会に付議すべき事件は、普通地方公共団体の長があらかじめ告示しなければならないため、臨時会の開会中に緊急を要する事件がある場合であっても、直ちにこれを会議に付議することはできない。

4 議会において、通年の会期を採用した場合、始期として条例で定める日の到来をもって、長が当該日に議会を招集したものとみなす。

5 議会において、通年の会期を採用した場合には、長は、議長に対し、会議に付議すべき事件を示して、定例日以外の日において会議を開くことを請求できない。

解説 正解 **4**

1 × **議会運営委員会の議決が必要**です。

　　議長は、**議会運営委員会の議決を経て**、長に、会議に付議すべき事件を示して**臨時会の招集を請求**できます（法101②）。長は、請求のあった日から**20日以内**に臨時会を招集しなければなりません（同④）。

2 × この場合、**議会運営委員会の議決は不要**です。

　　議員**定数の1/4以上の者**は、長に、会議に付議すべき事件を示し臨時会の招集を請求できます（法101③）。請求後の対応は議長の請求の場合と同様です（同④）。

3 × **緊急を要する事件は付議**できます。

　　臨時会は、必要がある場合、その**事件に限りこれを招集**するもので（法102③）、**臨時会に付議すべき事件を告示**しなくてはなりませんが（同④⑤）、**緊急を要する事件は付議**できます（同⑥）。

4 ○ 法102の2②のとおりです。

5 × **定例日以外の開催を請求**できます。

　　長は、議長に対し、会議に付議すべき事件を示して**定例日以外の日において会議を開く**ことを請求することができ、議長は、請求のあった日から、**都道府県及び市では7日以内**、**町村では3日以内**に会議を開かなければなりません（法102の2⑦）。

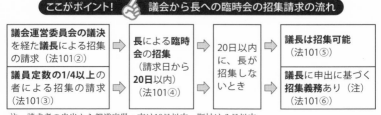

ここがポイント! 議会から長への臨時会の招集請求の流れ

| **議会運営委員会の議決**を経た**議員**による招集の請求（法101②） | ⇒ | **長による臨時会の招集**（請求日から**20日以内**）（法101④） | ⇒ | 20日以内に、長が招集しないとき | ⇒ | **議長は招集可能**（法101⑤） |
| **議員定数の1/4以上の**者による招集の請求（法101③） | ⇒ | | ⇒ | | ⇒ | 議長に申出に基づく**招集義務あり**（注）（法101⑥） |

注　請求者の申出から都道府県・市は10日以内、町村は6日以内。

問 普通地方公共団体の議会の会期等として妥当なものはどれか。

1 普通地方公共団体の議会の会期及びその延長に関する事項は、議会が定めるが、議会の会議規則をもって、議会の会期及びその延長は議長が議会運営委員会の意見を聴き、これを定め、議会の議決を要しない旨を規定することは、これらの事項の決定が議会固有の権限であるため、違法ではない。

2 普通地方公共団体の議会は、条例で定めるところにより、定例会及び臨時会とせず、毎年、条例で定める日から翌年の当該日の前日までを会期とすることができる。

3 通年会期とした場合で、議員の任期が満了した日又は議会が解散した日をもって会期が終了した場合、議長は一般選挙により選出された議員の任期が始まる日から20日以内に議会を招集しなければならない。

4 通年の会期の場合、会議規則により、毎月1日以上定期的に会議を開く日を定めなければならない

頻出

5 会期中に議決に至らなかった事件は、原則として後会に継続し、閉会中も、委員会において審査することができる。

解説　　　　　　　　　　　　　　　　　　　　　　　　　正解 **2**

1 ×　**会議規則で定めることは違法**です。

　　前半は102⑦のとおりですが、後半の内容を**会議規則に規定す**ることは**違法**で（行実昭26.4.14）、必ず**議会が定める必要**があります。

2 ○　法102の2①のとおりです。

3 ×　**20日以内**でなく**30日以内**で、**長が招集**します。

　　通年会期の場合、**招集の日**から同日後の**最初の条例で定める日の前日**までを**会期**とします（法102の2④）。

4 ×　**条例で定めなければなりません**。また、毎月1日以上の定めもありません。

　　通年議会の場合は、条例で、定期的に会議を開く日（定例日）を定めなければなりません（法102の2⑥）。

5 ×　原則として**後会に継続せず**、**委員会の閉会中審査**には**議決が必要**です。

　　会期不継続の原則がありますが（法119）、その例外として**議会の議決**を得た場合、**委員会で継続審査**することができます（法109⑧）。

> **ここがポイント！**　　通年会期の開催イメージ

通常の議会は、定例会と臨時会からなりますが、平成24年の自治法改正により、通年の会期とすることが可能となりました。

このイメージは下図のとおりで、招集は必要とせず、定例日を設ける必要があります。

	1月	2月	3月	4月	5月	6月	7月	8月	9月	10月	11月	12月
通常		定例会 →			定例会 →			定例会 →			定例会 →	
		招集→		→	招集→		→	招集→		→	招集→	
			会期			会期			会期			会期
通年会期（自治法）←		●● 定例日	●●			●● 定例日			●● 定例日		● 定例日	●● →

チェック欄

出る頻度 **C**

問 普通地方公共団体の議会について妥当なものはどれか。

❶ 議員の定数は、条例で定めることとされているが、自治法において人口区分ごとに設けられた上限数を超えてはならない。

❷ 普通地方公共団体においては、議会は必置の議事機関であり、その例外はない。

❸ 普通地方公共団体の議会には、必ず事務局を置かなくてはならない。

❹ 議会事務局は、複数の普通地方公共団体の議会で共同設置することはできない。

❺ 市町村の議会の議員の定数の変更は、一般選挙の場合でなければできないが、市町村の廃置分合等により人口が著しく増減した場合は議員の任期中でも増減できる。

ヒント：比較でわかる！ 議員定数の変更

		都道府県	市町村
議員定数		**条例**で定める（法90①、91①） 法定上限数はない	
定数の変更	原則	**一般選挙**の場合に限定（法90②、91②）	
	例外	申請に基づく都道府県合併により著しく**人口の増加**があった場合、**増加**できる（法90③）	市町村の廃置分合・境界変更により著しく人口の**増減**があった場合、**増減可能**（法91③）

解説　　　　　　　　　　　　　　　　　　　　　　　　　　　　　　正解 **5**

1 ×　自治法では**上限数は定められていません**。

　　平成23年の自治法改正により、**条例で定数を定めること**となりました（法90①、法91①）。

2 ×　町村は**議会に代えて町村総会**を置くことができます。

　　町村は、条例で、議会を置かず、**選挙権を有する者の総会（町村総会）**を設けることができます（法94）。

3 ×　**都道府県のみ必置**です。

　　都道府県の議会に事務局を置く必要がありますが（法138①）、**市町村の議会**については**条例の定める**ところにより、**事務局を置くことができる**とされています（同②）。

4 ×　議会事務局は複数の団体で共同設置できます（法252の7①）。

　　都道府県の議会の事務局、市町村の議会の事務局のいずれも共同設置できます。

5 ○　法91②③のとおりです。

　　市町村の議会の議員の定数の変更は、**一般選挙**の場合に限られますが（法91②）、**廃置分合・境界変更**により、**著しく人口の増減**があった場合は、**議員の任期中**でも、**議員定数を増減**できます（同③）。

　　都道府県も議会の議員の定数も一般選挙の場合のみ、変更できますが（法90②）、合併により著しく**人口が増加**した場合には、**増加**できます（同③）。

ここがポイント！　議会事務局の設置条件

都道府県	必置
市町村	条例により設置可能

議員の身分・活動

問 普通地方公共団体の議会の議員について妥当なものはどれか。

1 議会の議員は、必ず常任委員会、特別委員会、議会運営委員会の1つに所属する必要がある。

2 議会はいかなるときでも指名推選による選挙を行うことはできない。

3 普通地方公共団体の議会の議員は、議会の許可を得て辞職できるが、閉会中は、議長の許可を得れば、辞職できる。

4 普通地方公共団体の議会の議員が被選挙権を有しない者であるときは、その職を失うが、その被選挙権の有無は、議会が出席議員の過半数で決定する。

5 普通地方公共団体の議会の議員は、国会議員と異なり、不逮捕特権は有しないが、議会で行った演説等について議会外で責任を問われない免責特権は有する。

解説　　　　　　　　　　　　　　　　　　　　　　　　　　正解　**3**

1　✕　こうした規定はありません。

　かつては委員会の法定数などについて定めがありましたが、現在は、委員の選任、その他委員会に関し必要な事項は**条例で定める**こととなっています（法109⑨）。

2　✕　**議員中に異議がないときは指名推選の方法**を用いることができます。

　選挙は、単記無記名により、比較多数を得た者が当選者となりますが（法118①）、**議員中に異議がないときは指名推選の方法**を用いることができます（同②）。

3　○　法126のとおりです。

　議員は、**許可**がなければ**辞職**できません（行実昭22.10.6）。

4　✕　過半数ではなく**2/3以上の多数**が必要です。

　議会の議員の**被選挙権の有無、兼業禁止への該当の有無**は、**議会が決定**しますが、その場合には出席議員の2/3以上の多数によります（法127①）。

5　✕　**免責特権も認められません。**

　国会議員には、**不逮捕特権**や**免責特権**が認められていますが、普通地方公共団体の議会の議員には認められていません。

ここがポイント!　　議員の身分等

議員の任期	4年（法93①）
議員報酬	議員は、条例の定めるところにより、議員報酬、費用弁償及び期末手当を受ける（法203）
議員の辞職	辞職には議会の許可が必要（閉会中は議長の許可）（法126） 許可を得ない限り辞職できない。
議員の失職	**被選挙権**を有していない場合 **兼業禁**止規定の抵触 →**出席議員の2/3**の多数決（法127①）

第3章

執行機関と給付

チェック欄

問 普通地方公共団体の長の担任事務につき妥当なものはどれか。

1 長が担任する事務として、自治法第149条各号に、議案の提出、予算の調製・執行等の事務が限定列挙されている。

2 普通地方公共団体の長は、財産を取得し、管理し、及び処分する権限を有するが、当該普通地方公共団体の教育委員会の所管に属する学校その他の教育機関の用に供する財産を取得し、管理し、及び処分する権限は、教育委員会が有する。

3 普通地方公共団体の長は、会計を監督する事務を担任せず、法律又はこれに基づく政令に特別の定めがあるものを除くほか、当該普通地方公共団体の会計事務は会計管理者がつかさどる。

4 普通地方公共団体の長は、予算議案の提出権限を有するが、地方公営企業については、管理者が議案を提出する。

5 普通地方公共団体の事務がいずれの執行機関に属するか事務の帰属が明確でない場合、長が担当する。

ここがポイント！ 長の担任事務

①	議会への議案提出	地方公営企業等の議案も長が提出
②	予算の調製・執行 （委員会、委員は権限なし）	予算の原案作成は地方公営企業の管理者等も実施 予算の執行は地方公営企業の管理者も実施
③	地方税の賦課徴収、分担金・手数料等の徴収など	
④	決算認定の議会への付議	認定されなくとも内容に影響しない
⑤	会計の監督	出納等は会計管理者が実施
⑥	財産の取得・管理・処分	
⑦	公の施設の設置・管理・廃止	設置等は条例による必要があり、議会の議決要
⑧	証書・公文書類の保管	
⑨	その他の事務執行	

※ 担任事務は概括列挙であり、議会の議決事件が制限列挙であるのと異なる。

解説　　　　　　　　　　　　　　　　　　　　　　正解　❺

❶　✕　限定列挙でなく**概括列挙**です。

　　普通地方公共団体の長は、**概ね各号に掲げる事務を担任すると**
規定されており（法149）、**概括列挙**となっています。

　　議会の議決事件については、**次に掲げる事件を議決しなければ**
ならないとされ（法96）、**制限列挙**となっているのと異なります。

❷　✕　**教育委員会は管理のみで、取得・処分権限を有しません。**

　　教育財産の取得・処分は長の権限とされ（地教法22(4)）、教育
委員会は**管理のみ**権限を有します（地教法21(2)）。①**教育財産の
取得・処分**のほか、②**契約の締結**、③**予算の執行**も長の権限と
なっています。

　　なお、委員会・委員は、①**予算の調製・執行**、②**議案の提出**、
③**地方税の賦課徴収等**、④**決算認定の議会への付議**の権限を有し
ません（法180の6）。

❸　✕　**会計の監督は長の担任事務**です。

　　会計管理者は会計事務をつかさどりますが（法170①）、会計の
監督は長が担います（法149(5)）。

❹　✕　地方公営企業も**予算議案の提出は長の権限**です。

　　公営企業管理者は、①**予算の調製**、②**議案の提出**、③**決算認定
の議会への付議**などを除き、地方公営企業の業務を執行し、当該
業務の執行に関し当該地方公共団体を代表します（地公企法8①）。

❺　〇　広く**事務の執行は長の担任事務**です（法149(9)）。

　　明文の規定により、他の執行機関の権限とされているもの以外
は、長の権限であると推定されます。

33 長の権限等②

出る頻度 **A**

問 普通地方公共団体の長の権限について妥当なものはどれか。

頻出

❶ 普通地方公共団体の長は、その管理に属する行政庁の処分が法令、条例又は規則に違反すると認めるときであっても、行政庁の独立性を保つため、その処分を取り消し、又は停止することはできない。

❷ 普通地方公共団体の長は、その補助機関である職員を指揮監督することができるが、その職員には、当該普通地方公共団体の長から独立の執行権を持つ選挙管理委員会の事務局の職員も含まれる。

頻出

❸ 普通地方公共団体の長は、当該普通地方公共団体の区域内の公共的団体等の活動の綜合調整を図るため、これを指揮監督することができる。

頻出

❹ 普通地方公共団体の長は、当該普通地方公共団体の区域内の公共的団体等の監督上必要な処分をすることができるが、当該公共的団体等の監督官庁の措置を申請することはできない。

❺ 普通地方公共団体の長がした当該普通地方公共団体の区域内の公共的団体等に対する監督上必要な処分に対しては、当該公共的団体等の監督官庁は、その処分を取り消すことはできない。

. . . .

ここがポイント！　　内部統制に関する方針の策定等義務付け

令和2年から内部統制方針の策定等が義務付けられました（法150）。

対象	都道府県知事・指定都市の市長（指定都市以外の市、町村は努力義務）
内容	次の項目を中心に、内部統制についての組織的な取組の方向性等を規定 ・財務に関する事務
その他	その方針を公表し、毎年評価した報告書を作成、監査委員の審査に付し、議会に提出

解説   正解 **3**

1 ✕ **長は取り消し、停止することができます。**

　　長は、法令等に違反すると認めるときは、**管理に属する行政庁**
の処分の取消等が可能です（法154の2）。

2 ✕ **選挙管理委員会の事務局の職員は含まれません。**

　　前半は法154のとおりですが、**長の指揮監督権は、他の執行機**
関等の職員には及びません。なお、委員会や委員と協議して、**委**
任や補助執行させることは可能です（法180の2）。

3 〇 **法157①のとおりです。**

　　この場合には、**議会の議決が必要**です。

　　さらに、**長は、必要があるときは、区域内の公共的団体**等につ
いて、**①事務の報告、②書類及び帳簿の提出、③実地について事**
務の視察ができます（同②）。

4 ✕ **措置の申請もできます**（法157③）。

　　長は、監督上必要な処分と、監督官庁への措置の申請を行うこ
とができます。

5 ✕ **取り消すことができます**（法157④）。

ここがポイント！ 👆 **長の権限**

統轄代表権（法147）
総合調整権（法138の3、180の4、221①、238の2）
規則制定権（法15）
職員の任免権・指揮監督権（法154、162ほか）
事務組織（法155、156、158）
所管行政庁の処分の**取消・停止権**（法154の2）
公共的団体等の**監督権**（法157①）

チェック欄 ☐ ☐ ☐

出る頻度 **A**

問 普通地方公共団体の長の権限代行について妥当なのはどれか。

1 長の職務代理者が代理し得る範囲は、原則として長の権限のすべてに及ぶが、議会の解散、副知事、副市町村長等の任命等、長たる地位又は身分に附随する一身専属的な権限については及ばないと解されている。

2 普通地方公共団体の長は、その権限に属する事務の一部をその補助機関である職員に委任することができるが、当該職員に臨時に代理させることは一切できない。

3 副知事・副市町村長を置かない普通地方公共団体においては、規則で定めた上席職員が長の職務代理を行う。

4 普通地方公共団体の長は、その事務の一部を副知事・副市町村長に委任できるが、その際には告示する必要はない。

5 普通地方公共団体の長は、その権限に属する事務の一部を管理に属する行政庁に委任できるが、これには保健所も含まれる。

⋯⋯⋯⋯⋯⋯⋯⋯⋯⋯⋯⋯⋯⋯⋯⋯⋯⋯⋯⋯⋯⋯⋯⋯⋯⋯⋯⋯⋯⋯⋯⋯⋯⋯⋯

ヒント：比較でわかる！ ❗ 代行制度

種別	長と代理者の関係			効果等	根拠
法定代理	長	→	副知事・副市町村長、補助機関である職員	**職務代理者の名前で、長に帰属**	法152
任意（授権）代理	長	→	補助機関である職員	**職務代理者の名前で、長に帰属**	法153①
権限の委任	長	→	副知事・副市町村長、補助機関である職員、管理に属する行政庁、他の執行機関等	**受任者の名で、受任者の責任**	法153① ②、167②、180の2
補助執行	長	→	補助機関である職員、他の執行機関の職員等	**長の名**	職員には当然に可能、他の執行機関（法180の2）

解説　　　　　　　　　　　　　　　　　　　　　　　**正解** **1**

1　○　行実のとおりです。

　職務代理者は、原則として長の職務の全部を代行するものですが、事の**性質上他の代行を許さない事件**（たとえば**議会の解散**、**副市町村長の選任**等）はできません（行実昭30.9.2）。

2　×　**臨時に代理**させることもできます。

　普通地方公共団体の長は、その権限に属する事務の一部をその**補助機関である職員に委任**し、又はこれに**臨時に代理**させることができます（法153）。

3　×　**長の指定する職員**が職務を代理します（法152②）。

　長が**指定した職務を代理するものがいない場合**に、規則で定めた**上席の職員**が職務を代理します（同③）。

4　×　**告示**しなくてはなりません。

　副知事及び副市町村長は長の権限に属する事務の一部について、**委任**を受け、その**事務を執行**しますが（法167②）、この場合、長は、直ちに、その旨を**告示**しなければなりません（同③）。

　なお、副知事以外への委任には告示の定めは法にはありませんが、住民に直接関係のある事務を委任する場合には、住民に周知させるよう公示等の措置を講ずることが適当です（行実昭28.12.1）。

5　×　**保健所は含まれません**。

　前半は法153②のとおりですが、ここでいう**行政庁に保健所は含まれません**（行実昭23.8.27）。

ここがポイント！　　**職務代理の順序**

①	**副知事・副市町村長**	２人以上の場合、①**長が定めた順序**、②**席次の上下**、③**年齢**、④**くじ**
②	**長が指定する職員**	
③	**規則で定めた上席の職員**	

問 副知事・副市町村長について妥当なものはどれか。

頻出

❶ 副知事は、都道府県に置くものであり、その定数は条例で定めるが、条例で副知事を置かないこともできる。

頻出

❷ 普通地方公共団体の副市町村長は、当該普通地方公共団体の長が議会の同意を得て選任するが、副市町村長の任期について、当該普通地方公共団体の長の任期限をもって副市町村長の任期限とすることは、副市町村長の同意があれば違法でない。

頻出

❸ 普通地方公共団体の長の職務を代理する副市町村長は、退職しようとするときは、その退職しようとする日前30日までに、当該普通地方公共団体の議会の議長に申し出なければならないが、議会の承認を得たときは、その期日前に退職することができる。

頻出

❹ 普通地方公共団体の副知事又は副市町村長は、検察官、警察官又は普通地方公共団体における公安委員会の委員と兼ねることはできないが、収税官吏と兼ねることはできる。

頻出

❺ 普通地方公共団体の副知事又は副市町村長の事務の引継ぎに関する規定は、政令でこれを定めるが、当該政令には、正当の理由がなくて事務の引継ぎを拒んだ者に対し、過料を科する規定を設けることは一切できない。

ヒント：比較でわかる！ 🍄 **知事・市町村長等の退職期限**

職	期日	申出先	期日前退職の要件
知事（法145）	30日	議長	議会の同意
市町村長（法145）	20日	議長	議会の同意
長の職務を代理する副知事・副市町村長（法165①）	20日	議長	議会の承認
副知事・副市町村長（法165②）	20日	長	長の承認

解説　　　　　　　　　　　　　　　　　　　　　　　　　　正解 **1**

1 ○　条例で置かないこともできます（法161①ただし書き）。

　　副市町村長も同様です。その**定数**は**条例**で定めます（同②）。

2 ×　同意があっても違法です（行実昭27.10.7）。

　　副知事及び副市町村長の任期は、**4年**とされ、これを変えることはできませんが、長は、**任期中でも、解職**できます（法163）。

3 ×　30日でなく、**20日**までです（法165①）。

　　知事の職務を代理する副知事も同様な規定となっています。なお、長の職務を代理してなければ、**長に20日前までに申し出ればよく、長の承認**を得れば、**期日前に退職**できます（同②）。

4 ×　収税官吏も兼ねることはできません（法166①）。

　　兼職、兼業規定が**準用**されます（法166②で141、142を準用）。

5 ×　過料が規定できます（法166②で159を準用）。

ここがポイント！ 👉 **長等の兼業・兼職の禁止規定**

	兼職禁止					兼業禁止
	長	国会議員	地方議員	常勤職員（短時間勤務含む）	検察官等	
普通地方公共団体の長		×法141①	×法141②			①請負人 ②その支配人 ③主として同一の行為をする法人（当該団体が出資している法人で政令で定めるものを除く。）の無限責任社員、取締役、執行役若しくは監査役若しくはこれらに準ずべき者、支配人及び清算人（法142、法166②、 法180の5⑥）
副知事・副市町村長	長が議会同意で任命	×法166②（法141）			×法166①	
すべての行政委員会の委員	兼業は一律だが、それ以外は職による					
選挙管理委員会委員	×法182⑦	×法193（法141①）	×法182⑦		×法193（法166①）	
監査委員	長が議会同意で任命	×法201（法141①）		×法196③	×法201（法166①）	

問 普通地方公共団体の組織について妥当なものはどれか。

1 普通地方公共団体の長は、その権限に属する事務を分掌させるため、必要な内部組織を設けることができ、当該普通地方公共団体の長の直近下位の内部組織の設置及びその分掌する事務については、規則で定めるものとする。

2 普通地方公共団体の長は、内部組織の編成に当たっては、当該普通地方公共団体の事務及び事業の運営が簡素かつ効率的なものとなるよう十分配慮しなければならない。

3 普通地方公共団体の事務所の位置を定め、又は変更するときは、議会で過半数の者の同意を得て、条例で定める必要がある。

4 普通地方公共団体の長は、その権限に属する事務を分掌させるため、規則で支庁、地方事務所、支所、出張所を設けることができる。

5 保健所等の行政機関の設置は、法律で定められており、その位置や、名称、所管区域を条例で定める必要はない。

ヒント：比較でわかる！ ❗ 行政組織と設置根拠の違い

① 事務所	都道府県庁、市役所、町村役場、区役所を指す 条例で事務所の位置を定め変更（法4①） 出席議員の2/3以上の同意（同③）
② 出先機関	
ア 支庁、地方事務所、支所、出張所	支庁等の名称、位置、所管区域は条例事項（法155②）
イ 行政機関	名称、所管区域等は条例事項（法156②）
③ 内部組織	直近下位の内部組織は条例事項（法158①）

解説　　　　　　　　　　　　　　　　　　　　　　　　　　正解 **2**

1 ✕　**条例**で定めなくてはなりません（法158①）。

　　直近下位の内部組織とは、長の**権限**に属する事務を分掌する最上位の組織をいい、都道府県では**部や局**を指します。

　　ただ、その名称のいかんにかかわらず、条例で定めることが必要です（通知平15.7.17）。

2 ○　法158②のとおりです。

　　内部組織は、**簡素・効率的**なものとなるよう配慮しなくてはならず、既存の組織についても従来のあり方にとらわれることなく、スクラップ・アンド・ビルドの徹底が求められます（通知平15.7.17）。

3 ✕　**出席議員の2/3以上**の者の同意が必要です（法4③）。

　　事務所の位置の決定・変更に当たっては、住民の利用に最も便利であるように、交通の事情、他の官公署との関係等について適当な考慮を払わなければなりません（同②）。

　　なお、ここでいう事務所は、主たる事務所をいい、都道府県については都道府県庁、市町村、特別区についてはそれぞれ市役所、町村役場、区役所をいいます。

4 ✕　**条例**で定める必要があります（法155①）。

　　支庁等の位置、名称、所管区域も**条例**で定める必要があります（同②）。

　　なお、支庁等は事務の全般にわたり事務をつかさどる事務所をいい、土木のみを分掌させる事務所は、ここでいう支庁等に当たりません（通知昭22.5.29）。

5 ✕　行政機関の設置は法律又は条例で定め、位置等は**条例**事項です（法156①②）。

チェック欄

出る頻度 **A**

問 普通地方公共団体の附属機関等について妥当なものはどれ
か。

❶ 執行機関の長は、附属機関の独立性を確保するため、当該執行
機関の附属機関の長になることはできないと自治法に明記されて
いる。

頻出

❷ 普通地方公共団体は、条例又は規則の定めるところにより、執
行機関の附属機関を設置することができる。

頻出

❸ 普通地方公共団体が置くことができる附属機関は、自治紛争処
理委員、審査会、審議会、調査会その他の調停、審査、諮問又は
調査のための機関である。

❹ 普通地方公共団体は、臨時の専門委員を置くことができるが、
常設の専門委員を置くことはできない。

❺ 専門委員は、普通地方公共団体の長の委託を受け、その権限に
属する事務に関し必要な事項を調査するが、当該調査には諮問に
対する答申は含まれない。

⋯⋯⋯⋯⋯⋯⋯⋯⋯⋯⋯⋯⋯⋯⋯⋯⋯⋯⋯⋯⋯⋯⋯⋯⋯⋯⋯⋯⋯⋯⋯⋯⋯⋯⋯⋯⋯⋯

ヒント：比較でわかる！ 附属機関と専門委員

	附属機関	専門委員
設置根拠	条例	規則
設置期間等		常設・臨時
委員の要件		専門の学識経験を有する者
委員の身分	非常勤	非常勤
職務	調停、審査、審議又は調査等	長の委託を受け、権限に属する事務に関し必要な事項を調査

解説　　　　　　　　　　　　　　　　　　　　　　　　　　　　　　**正解 ❸**

❶　✕　法に明記されておらず、**長は附属機関の長**になれます。

　　執行機関の長が附属機関の長又は委員となることはさしつかえ
ないとされ（行実昭33.3.12）、法律にも一部の附属機関の長につ
いて、普通地方公共団体の長が務めると明記されています。例え
ば、地方防災会議のうち、都道府県防災会議の会長は都道府県知
事をもって充てます（災害対策基本法15②）。

❷　✕　附属機関は規則では設置できません。

　　附属機関は法律又は条例で設置しなければなりません（法138
の4③）。

❸　○　法138の4③のとおりです。

　　なお、附属機関に執行権はなく、あくまでも**調停、審査、諮問
又は調査**を行う機関をいいます。また、**庶務**は、法令に定めるあ
るものを除く外、その**属する執行機関**において掌ります（法202
の3③）。

　　附属機関の委員は、**非常勤で**（同②）、**報酬**を支給します（法
203の2①）。

❹　✕　常設の専門委員を置くことができます。

　　普通地方公共団体は、**常設又は臨時の専門委員**を置くことができ
き（法174①）、委員は専門の学識経験を有する者の中から**長が選
任し**（同②）、非常勤の職員です（同④）。なお、専門委員は、**規
則**でおくことが適当です（行実昭28.7.1）。

❺　✕　諮問に対する答申も含まれます。

　　普通地方公共団体の長の委託を受け、その**権限に属する事務に
関し必要な事項を調査**しますが（法174③）、必要な事項を調査す
ることには、「諮問に対する答申」なども含まれます（行実昭
23.2.26）。

チェック欄			

出る頻度 **A**

問 普通地方公共団体の長の再議制度につき妥当なのはどれか。

頻出

1 長は、議会の議決に異議あるときは、自治法に特別の定めがあるものを除くほか、その議決の日から10日以内に理由を示してこれを再議に付すことができる。

2 長は、条例の制定・改廃、予算についての議会の議決について異議があるときは、理由を付して、再議に付すことができるが、出席議員の過半数で再議決されたとき、議案は確定する。

頻出

3 長は、議会の議決又は選挙がその権限を超え又は法令若しくは会議規則に違反すると認めるときは、再議又は再選挙を行うことなく、直ちに裁判所に出訴することができる。

頻出

4 長は、議会が法令により負担する経費を削除・減額する議決をしたときは、理由を示して再議に付さなければならず、再議も同じ議決の場合、不信任の議決とみなさなければならない。

頻出

5 長は、議会が非常の災害の応急に必要な経費に関する予算を削除したときは、専決処分により支出することができる。

....

ヒント：比較でわかる！ **!** 再議制度の種類

		事件	根拠	再議	特別多数議決の要件	再議の効果
一般的拒否権		**条例の制定改廃・予算**	法176①②③	任意	要2/3以上	再議決**確定**
		その他議決	法176①②	任意	不要	再議決**確定**
特別的拒否権		**違法議決・選挙**	法176④〜⑧	義務	不要	審査申立て・出訴可
		法令負担経費・義務費の削除等	法177①(1)②	義務	不要	**原案執行権**が生じる
		非常災害・感染症予防経費の削除等	法177①(2)③	義務	不要	**不信任議決**とみなすことができる

解説 　　　　　　　　　　　　　　　　　　　　　　　　　正解 **1**

1 **○** 法176①のとおりです。

　条例の制定・改廃、予算に関する議決は、その送付を受けた日から**10日以内に再議に付せます**（法176①）、**否決された議決では再議に付せません**（行実昭26.10.12）。その議決が再議に付された議決と同じときは確定します（同②）。

2 **×** 過半数でなく、**出席議員の2/3以上の同意**です。

　通常の再議では過半数の同意ですが、**条例の制定・改廃、予算**の再議では、**出席議員の2/3以上の同意**が必要です（同③）。

3 **×** 理由を示して**再議等**を行います。

　再議・再選挙を行っても（法176④）、**権限を超える**などの場合、**21日以内**に、都道府県知事は総務大臣、市町村長は都道府県知事に**審査申立て**ができ（同⑤）、総務大臣等は**取り消す旨の裁定**ができます（同⑥）。**裁定に不服があるとき**は、裁定から**60日以内**に、議会又は長は出訴できます（同⑦）。なお、再議にかける上での違法等の認定権は長にあります（行実昭28.9.29）。

4 **×** 同じ議決の場合、長は**原案どおり支出**できます。

　議会の議決がなお**法令により負担する経費等を削除し又は減額**したときは、当該普通地方公共団体の**長**は、その**経費及びこれに伴う収入を予算に計上してその経費を支出すること**ができるとされ、**原案執行権**が認められています（法177②）。

5 **×** 再議に付しても削除したときは、**不信任の議決**とみなすことができます（法177③）。

　長は、**通知を受けた日から10日以内に議会を解散**できます。通常の不信任では、在籍議員の2/3以上の出席、その3/4以上の同意といった特別議決が必要ですが、再議の場合、この要件は必要ありません（行実昭23.6.16）。

39 議会と長との関係② （不信任議決、専決処分）

チェック欄

　問　普通地方公共団体の議会と長の関係について妥当なものはどれか。

頻出

１　議会が、長の不信任の議決をした場合に、当該普通地方公共団体の長が議長から不信任議決の通知を受けた日から10日以内に議会を解散しないときは、長は議長からその旨の通知を受けた日においてその職を失う。

２　議会が長の不信任議決を行い、議会を解散した場合、解散後初めて招集された議会で、議員数の３分の２以上の議員が出席し、４分の３以上の同意があった場合、不信任の議決が成立する。

３　法定代理的専決処分を長が行える場合は、議会が成立しないとき、特に緊急を要し、時間的余裕がないことが明らかなときに限られる。

４　法定代理的専決処分のうち、条例の制定・改廃について議会に報告し、その承認を求める議案が否決されたときは、長は、速やかに、当該処置に関して必要と認める措置を講ずるとともに、その旨を議会に報告しなければならない。

５　議会の権限に属する重要な事項でも、議決により指定すれば、長は専決処分できる。

....

ヒント：比較でわかる！　**!**　　不信任議決の要件	
最初の不信任議決	在籍議員の**2/3**以上の出席、その**3/4**以上の同意
再度の不信任議決	在籍議員の**2/3**以上の出席、その**過半数**の同意

解説

❶ ✕ 通知を受けた日でなく、**10日を経過した日**です。

なお、**再度の不信任議決**については、議会の解散後、初めて招集された議会において議決があり、議長からその旨の通知があったときは、**通知の日に職を失います**（法178②）。

❷ ✕ 再度の不信任議決は過半数の同意で成立します。

不信任には、**議員数の2/3以上の出席、3/4以上の同意**が必要ですが、解散後は2/3以上の出席、**過半数の同意**です（同③）。

❸ ✕ 議会が議決すべき事件を議決しないときなども可能です。

113条ただし書きの場合で、なお会議を開くことができないとき、議会が議決すべき事件を議決しないときもできます（法179①）。

❹ ◯ 法179③④のとおりです。

予算も同様の手続きが必要で、承認が得られなかった場合でも法律上の処分の効力に影響はありませんが（行実昭26.8.15）、否決の場合、必要と認める措置を講じ、議会報告が必要です。

❺ ✕ **重要な事項**は専決処分できません。

議会の権限に属する**軽易な事項**で、議決により特に指定したものは、普通地方公共団体の長は専決処分できます（法180①）。

ここがポイント！ 専決処分の要件とその後の措置

	法定代理的専決処分（法179）	任意代理的専決処分（法180）
要件	**議会が成立しないとき**	議会の権限に属する**軽易な事項**で、その議決により特に指定したもの
	113条ただし書きの場合で、なお**会議を開くことができないとき**	
	特に緊急を要し、時間的余裕がないことが明らかなとき	
	議会が議決すべき事件を議決しないとき	
その後の措置	議会への**報告、承認** ※ **条例の制定改廃**又は**予算**の承認議案が**否決**されたときは、速やかに、**必要と認める措置**を講じ、その旨、**報告**する	議会への**報告**

チェック欄

出る頻度 **A**

問 行政委員会制度について妥当なものはどれか。

頻出

1 普通地方公共団体に置かなければならない委員会・委員は、教育委員会、選挙管理委員会、人事（公平）委員会及び監査委員であり、都道府県には、このほかに農業委員会及び固定資産評価審査委員会を置かなければならない。

2 普通地方公共団体の委員会の委員又は委員は、法律に特別な定めがあるものを除くほか、非常勤であるが、識見を有する者から選任される監査委員は自治法の規定により常勤にできる。

頻出

3 普通地方公共団体の委員会は、法律の根拠にかかわらず、法令又は普通地方公共団体の条例若しくは規則に違反しない限り、権限に属する事務に関し、規則等を定めることができる。

頻出

4 行政委員会の委員は、長の場合と異なり、当該地方公共団体に対し請負関係に立つことが禁止されていない。

5 選挙管理委員会の委員長及び委員は、自己若しくは父母、祖父母、配偶者、子、孫若しくは兄弟姉妹の一身上に関する事件又は自己若しくはこれらの者の従事する業務に直接の利害関係のある事件については、その議事に参与することができないが、監査委員は監査できる。

ヒント：比較でわかる！ **!** 行政委員会の設置

普通地方公共団体（法180の5①）	①教育委員会、②選挙管理委員会、③人事委員会（公平委員会）、④監査委員
都道府県（法180の5②）	①公安委員会、②労働委員会、③収用委員会、④海区漁業調整委員会、⑤内水面漁場管理委員会
市町村（法180の5③）	①農業委員会、②固定資産評価審査委員会

解説　　　　　　　　　　　　　　　　　　　　　　　　　　　　**正解 2**

1 ×　**農業委員会・固定資産評価委員会は市町村**です（法180の
5①②③）。

2 ○　法180の5⑤、196④のとおりです。

3 ×　**法律の定めるところ**により、規則等を定められます。

具体的には、**教育委員会**（地教法15①）、**人事委員会・公平委員
会**（地公法8⑤）などは、法の委任を受け、規則を定めることが
できます。また、**選挙管理委員会**は、自治法等に規定するものを
除き、必要な事項を定める（法194）とされ、これに基づく規程
も規則に含まれます。

4 ×　**委員も禁止**されています。

長は請負等の関係になることは**禁止**されており（法142）、**委員
の場合はその職務に関して禁止**され、支配人又は主として同一の
行為をする法人の無限責任社員、取締役となることもできません
（法180の5⑥）。13参照。

5 ×　**監査委員も監査できません**（法199の2）。

除斥については24参照。

ここがポイント!　　　　**委員会の委員数等**

	委員数	選任方法
教育委員会（地教法3、4）	教育長及び4人の委員 （条例で都道府県・市は5人以上、町村は2人以上に変更可能）	議会の同意を得て長が任命
選挙管理委員会（法181②、182①②）	4人（同数の補充員）	議会で選挙
人事（公平）委員会（地公法9の2①②）	3人	議会の同意を得て長が選任
監査委員（法195②、196①）	都道府県・政令市（人口25万以上）は4人 他の市・町村は2人 条例で増加は可能	議会の同意を得て長が選任

チェック欄

出る頻度 **A**

問 普通地方公共団体の長と行政委員会の関係について妥当なものはどれか。

頻出

1 長は、その権限に属する事務の一部を、行政委員会の事務を補助する職員に委任又は補助執行させることはできない。

2 長は、必要があると認めるときは、行政委員会の事務局等の組織、それに属する職員の定数又はこれらの職員の身分取扱について、行政委員会に必要な措置を講ずべきことを勧告することができる。

3 行政委員会は、職務執行の独立性を確保するため、予算の調製及び執行、議会への議案を提出する権限を原則として有するが、行政委員会の決算を認定に付する権限については長が有する。

4 行政委員会は、公有財産を取得しようとするときは、あらかじめ長に協議する必要はない。

5 普通地方公共団体の長は、予算の執行の適正を期すため、委員会・委員に対して、収入及び支出の実績若しくは見込みについて報告を徴することはできるが、実地について調査することはできない。

ここがポイント！ 委員会・委員の権限に属さない事項

① **予算を調製**し、及びこれを**執行**すること。
② 議会の議決を経べき事件につきその**議案を提出**すること。
③ 地方税を賦課徴収し、分担金若しくは加入金を徴収し、又は過料を科すること。
④ 決算を議会の認定に付すること。

解説   正解 **❷**

❶ ✕ **委任・補助執行**が可能です（法180の2）。

また、**兼職や充て職、事務従事**も可能です（法180の3）。

❷ 〇 法180の4のとおりです。

長は、執行機関を通じて組織及び運営の合理化を図り、その相互の間に権衡を保持するために行うものです。

❸ ✕ **予算調製・執行、議案提出**も長の権限です（法180の6）。

このほか、**地方税の賦課徴収、分担金、加入金の徴収、過料を科す**ことについても行政委員会は権限を有しません。

❹ ✕ **協議する必要があります。**

公有財産の取得以外に、行政財産の用途変更なども**協議が必要**です（法238の2②）。

❺ ✕ 予算の執行を**実地に調査**することもできます（法221①）。

ここがポイント！ 　委員会・委員に対する長の総合調整権

項目	内容
組織・人事 （法180の4）	①長は、事務局等の組織、事務局等に属する職員の定数又はこれらの職員の身分取扱について、**必要な措置を講ずべきことを勧告**できる。 ②①に関する規則その他の**規程を定め、変更**しようとする場合、予め**長に協議**しなければならない
予算執行 （法221①）	長は、予算の執行の適正を期するため、①収入・支出の実績、見込みの**報告徴収**、②予算の執行状況の実地の調査、③必要な措置の要求を行うことができる
公有財産 （法238の2①②）	①長は、公有財産の効率的運用を図るため必要があると認めるときは、公有財産の取得・管理について、**❶報告徴収、❷実地の調査、❸必要な措置の要求**を行うことができる。 ②公有財産の取得、行政財産の用途変更、行政財産である土地の貸付け等、行政財産の使用の許可で、長が指定するものを行う場合、長に協議しなければならない

監査制度

問 監査について妥当なものはどれか

頻出

❶ 監査委員は、監査のため必要があると認めるときは、関係人を調査し、又は関係人に対し帳簿、書類その他の記録の提出を求めることはできるが、関係人の出頭を求めることはできない。

頻出

❷ 監査委員は、監査の結果に基づいて必要があると認めるときは、組織及び運営の合理化に資するため、意見を提出することができるが、提出する意見の範囲は監査の対象内に限られる。

❸ 監査委員は、各委員が権限を行使する独任制の機関であるため、監査の結果に関する報告の決定は、合議による必要がない。

❹ 普通地方公共団体が外部監査契約を締結できる者は、弁護士、公認会計士に限られる。

❺ 都道府県、指定都市、中核市の長は、毎会計年度、当該会計年度に係る包括外部監査契約を、速やかに、一の者と締結しなければならない。

ヒント：比較でわかる！ 🙋 監査の種類

<table>
<tr><td rowspan="2">一般監査</td><td>財務監査</td><td>財務に関する事務の執行・経営に関わる事業の管理の監査を行う（法199①）</td></tr>
<tr><td>行政監査</td><td>行政監査は、地方公共団体の事務の執行について監査を行う（法199②）</td></tr>
<tr><td rowspan="5">特別監査</td><td>事務監査請求</td><td>**有権者の1/50**　事務全般（法75）</td></tr>
<tr><td>議会からの監査請求</td><td>議会の執行機関に対する**監視権**（法98②）</td></tr>
<tr><td>長からの監査要求</td><td>**事務全般**に対する監査の要求（法199⑥）</td></tr>
<tr><td>住民監査請求</td><td>**住民（一人でも可）**からの監査の請求による監査（法242）</td></tr>
<tr><td>職員の賠償責任の監査</td><td>損害の事実を監査し、賠償責任の有無、賠償額を決定（法243の2の2③）</td></tr>
</table>

解説　　　　　　　　　　　　　　　　　　　　　　　　正解 **5**

1　✕　出頭を求めることができます。

　　出頭は求められますが（法199⑧）、**強制できません**。

2　✕　意見の範囲は、**監査の対象範囲に限られません**。

　　監査委員は、監査の結果に基づいて必要があると認めるとき
は、当該普通地方公共団体の**組織及び運営の合理化**に資するた
め、監査結果の報告に添えて**意見を提出**することができ、その**内
容を公表**しなくてはなりません（法199⑩）。また、**対象は監査対
象範囲に限られません**（行実昭27. 8）。

　　監査委員は必要と認めるときは、普通地方公共団体が**補助金等
の財政的援助**を与えるものの事務の執行で当該**財政的援助に係る**
ものを監査でき、指定管理者等も同様です（法199⑦）。

3　✕　**監査委員の合議**によります。

　　監査委員は独任制の機関ですが、**監査の結果に関する報告の決
定又は意見の決定は合議**によります（法199⑫）。また**合議不調**時
でも長等に**提出**し、**公表**しなくてはなりません（同⑬）。

4　✕　**税理士**等とも契約を締結できます。

　　①**弁護士**や②**公認会計士**のほか、③**国の行政機関において会計
検査に関する行政事務に従事した者**又は**地方公共団体において監
査若しくは財務に関する行政事務に従事した者**であって、**監査に
関する実務に精通している**ものとして政令で定めるもの、④**識見
を有する税理士**と契約を締結できます（法252の28①②）。

5　○　法252の36①のとおりです。

　　包括外部監査契約締結に当たっては、あらかじめ**監査委員の意
見を聴く**とともに、**議会の議決**を経なければなりません（同後
段）。指定都市等以外でも**条例**に定めた場合、**条例で定めた年度**
（毎会計年度でなくとも可）に包括外部監査を実施できます（同②）。

問 普通地方公共団体の長について妥当なものはどれか。

1 都道府県知事は、退職しようとする日前20日までに議会の議長に申し出る必要があるが、議会の同意を得れば期日前に退職できる。

2 都道府県知事は、兼業禁止規定に違反した場合には失職するが、この決定は議会が行う。

3 長には、兼職禁止規定があり、一部事務組合や広域連合の長を兼職することができない。

4 長は、当該普通地方公共団体を統轄し、これを代表するとともに、当該普通地方公共団体の事務を管理し及びこれを執行する。

5 市町村長は、第二号法定受託事務に関して、都道府県知事の包括的な指揮監督を受ける。

. . . .

ヒント：比較でわかる！ ❗ 兼業禁止の決定機関

対象と禁止規定	決定機関	その他
議員（法92の2）	議会（法127①）	出席議員の2/3以上の多数決
長（法142）	選挙管理委員会（法143①）	
副知事・副市町村長（法166②で142を準用）	長（法166③）	
選挙管理員会の委員（法180の5⑥）	選挙管理委員会（法184①）	
教育委員会の教育長・委員（法180の5⑥）	長（180の5⑦）	
監査委員（法180の5⑥）	長（180の5⑦）	

解説　　　　　　　　　　　　　　　　　　　　　　　　　　正解 **4**

1　×　知事の場合、**30日**です。

　　長は退職しようとする日前、**都道府県知事は30日、市町村長
は20日に議長に申し出る**必要がありますが、**議会の同意を得れ
ば期日前に退職**できます（法145）。

2　×　決定は**選挙管理委員会**が行います。

　　普通地方公共団体の長には、**兼業が認められていません**（法
142）。**兼業禁止規定に該当**するとき、長は、その職を失いま
すが、禁止規定の該当の有無は、**選挙管理委員会**が決定します（法
143①）。

3　×　一部事務組合や広域連合の長は**兼職可能**です。

　　一部事務組合の議会の議員又は管理者その他の職員は、構成団
体の議会の議員又は長その他の職員と兼ねることができます（法
287②）。広域連合も同様です（法291の4④）。

4　○　法147、148のとおりです。

5　×　指揮監督は**受けません**。

　　都道府県知事は、市町村長の担任する法定受託事務の処理が法
令の規定に**違反している**と認めるとき、又は**著しく適正を欠き、
かつ、明らかに公益を害している**と認めるときは、違反の是正又
は改善のため講ずべき措置に関し、**必要な指示**（是正の指示）を
することができます（法245の7②）。

　　ただし、市町村長は、都道府県知事の包括的な指揮監督を受け
るものではありません。

チェック欄

出る頻度 **B**

問 普通地方公共団体の会計管理者等について妥当なものはどれか。

頻出

1 会計管理者は、普通地方公共団体の長の補助機関である職員のうちから、普通地方公共団体の長が命じ、任期は、4年と定められているが、普通地方公共団体の長は、任期中においてもこれを解職することができる。

2 普通地方公共団体の長、副知事若しくは副市町村長又は監査委員と親子、夫婦又は兄弟姉妹の関係にある者は、会計管理者となることができず、当該関係が生じたときは、会計管理者は、その職を失う。

3 会計管理者は、現金の出納及び保管を行うが、この現金には現金に代えて納付される証券は含まれない。

4 会計管理者は、決算を調製し、これを普通地方公共団体の議会の議長に提出する。

頻出

5 使用中の物品に係る保管を含め、物品の出納及び保管の事務は会計管理者がつかさどるが、会計管理者は、地方公共団体の長の通知がなければ、物品の出納をすることができない。

....

ヒント：比較でわかる！ **／** 親族の就職禁止規定

職	就職の禁止される職
会計管理者（法169）	長、副知事、副市町村長、監査委員
監査委員（法198の2）	長、副知事、副市町村長
外部監査委員（法252の28③（9））	長、副知事、副市町村長、会計管理者、監査委員

解説　　　　　　　　　　　　　　　　　　　　　　　　　正解 **2**

1　✕　**任期はありません。**

　　普通地方公共団体に**会計管理者1人を置き**（法168①）、長が、その**補助機関である職員のうちから命ずる**とされています（同②）。議会同意等は不要で、会計管理者は**一般職の地方公務員**であり、**任期は定められていません**。

2　○　法169のとおりです。

3　✕　**現金に代えて納付される証券も含みます**（法170②(1)）。

　　基金に属する現金も会計管理者が**出納等**を行います（同）。

4　✕　**長に提出します**（法170②(7)）。

　　会計管理者は、毎会計年度、**決算を調製し**、**出納の閉鎖後3か月以内**に、証書類などと併せて、普通地方公共団体の長に提出しなければなりませんが（法233①）、それを**議会の認定に付す**のは**長の役割**です（同③）。

5　✕　**使用中の物品は除きます**（法170②(4)）。

　　物品には、**基金に属する動産を含む**ほか、保管には、使用中の物品を除きます（同）。また、会計管理者は、長の通知がなければ物品の出納はできません（令170の3で令168の7②を準用）。

ここがポイント！　　会計管理者の役割

	役割	注意点
①	現金の出納・保管	現金には、現金に代えて納付される証券、基金に属する現金を含む
②	小切手の振出	
③	有価証券の出納・保管	公有財産、基金に属するものを含む
④	物品の出納保管	物品には基金に属する動産を含むが、使用中の物品に係る保管は除く
⑤	現金・財産の記録管理	
⑥	支出負担行為の確認	支出負担行為が**法令・予算に違反**していないこと、**債務の確定**を確認したうえで支出（法232の4②）
⑦	決算の調製・長への提出	地方公営企業は管理者が調製（地公企法9 (5)）

チェック欄

問 監査委員について妥当なものはどれか。

❶ 都道府県及び政令で定める市では、識見を有する者から選任される監査委員をすべて常勤としなくてはならない。

❷ 監査委員は、普通地方公共団体の長が、議会の同意を得て、行政運営に関し優れた識見を有する者及び議員のうちから選任されるが、当該団体の短時間勤務職員と兼ねることができる。

❸ 普通地方公共団体の長は、監査委員に職務上の義務違反その他監査委員たるに適しない非行があると認めるときに限り、議会の同意を得て、当該監査委員の意に反して、罷免できる。

❹ 代表監査委員又は監査委員の処分又は裁決に係る普通地方公共団体を被告とする訴訟では、代表監査委員が当該団体を代表する。

❺ 監査委員は、普通地方公共団体の長と親子、夫婦又は兄弟姉妹の関係にあるときは、これらの者の一身上に関する事件を監査できない。

ここがポイント！ 監査委員

担任事務	財務に関する事務の執行・経営に係る事業の管理の監査、事務（一部を除く）の執行の監査（法199①②）
選任要件	人格が高潔で、財務管理、事業の経営管理その他行政運営に関し優れた**識見を有する者及び議員**（法196①） ※条例で議員から監査委員を選任しないことも可能（同ただし書き）
数（うち議員数）	**都道府県・人口25万人以上の市：4人**（１又は２） その他の**市・町村：2人**（１）（法195②、196⑥、令140の２） ※条例で増加可（法195②ただし書き）
選任	**議会の同意を得て長が選任**（法196①）
失職・罷免	長などと**親子関係**等にあるものはなることができない（法198の２） 長は、**心身の故障のため職に堪えないとき**などは、議会の**委員会で公聴会**を開催の上、**議会の同意を得て罷免**（法197の２）
事務局	**都道府県は必置**、市町村は条例で設置可能（法200①②）

解説　　　　　　　　　　　　　　　　　　　　　　　　　正解　❹

❶　×　都道府県等では少なくとも１人以上が常勤です。

　　都道府県及び政令で定める市（人口25万以上の市）では、識見を有する者のうちから選任される監査委員のうち少なくとも１人以上は、常勤としなければなりません（法196⑤）。

　　また、監査委員は、識見を有する者のうちから選任される監査委員の１人（定数が２人の場合で、１人が議員から選任される監査委員であるときは、識見を有する者のうちから選任される監査委員）を代表監査委員としなければなりません（法199の３①）。

❷　×　短時間勤務職員と兼職できません。

　　監査委員は、地方公共団体の常勤の職員及び短時間勤務職員と兼職できません（法196③）。また、職務に関し請負をする者及びその支配人又は主として同一の行為をする法人の無限責任社員、取締役、執行役若しくは監査役若しくはこれらに準ずべき者、支配人及び清算人たることができません（法180の５⑥）。

❸　×　心身の故障のため職務の遂行に堪えないと認めるときも常任委員会又は特別委員会で公聴会を開き、議会の同意を得て、罷免できます（法197の２①）。

❹　○　法199の３③のとおりです。

❺　×　監査委員になれません。

　　普通地方公共団体の長又は副知事若しくは副市町村長と親子、夫婦又は兄弟姉妹の関係にある者は、監査委員となることができず（法198の２①）、その場合失職します（同②）。

ここがポイント！　平成29年法改正による監査制度の充実

①監査基準の策定と基準に従った監査等の実施（法198の３①、198の４など）
②勧告制度創設：監査結果を踏まえた必要な措置の勧告、監査委員への長等の措置の通知、その内容の公表（法199⑪⑮）
③合議不調時の各監査委員の意見の公表（法75⑤、199⑬）
④監査体制の見直し：条例で議選監査委員を置かないこと、常設・臨時の監査専門委員の設置が可能（法196①ただし書き、200の２）　など

　問　教育委員会について妥当なものはどれか。

1　教育委員会は、学校その他の教育機関を管理し、学校の組織編制、教育課程に関する事務を行い、並びに社会教育、文化財の保護に関する事務等を管理し及びこれを執行するが、教科書その他の教材の取扱及び教育機関の職員の人事に関する事務を行うことはできない。

2　教育委員会の委員の定数は4人であるが、これには教育長も含まれる。

3　教育委員会の教育長、教育委員は、議会の同意を得て任命され、その任期は4年となっている。

4　教育長は、教育委員会の会務を総理し、教育委員会を代表する。

5　教育委員会の教育長及び教育委員については政党への所属についての制限はない。

解説 　　　　　　　　　　　　　　　　　　　　　　　　　　正解 **4**

1 ✕ **教材の取扱い等は教育委員会が管理・執行します。**

　　教育機関の職員の人事に関すること（地教法21(3)）、**教科書**その他の**教材の取扱い**に関すること（同(6)）は、教育委員会が管理執行します。

2 ✕ **教育長は含まれません。**

　　教育委員会は、**教育長及び4人の委員**をもって組織するとされ（地教法3）、教育長は含まれません。

　　なお、**4人の委員定数**は、条例により、都道府県・市については**5人以上**、**町村は2人以上**にできます（同ただし書き）。

3 ✕ **教育長の任期は3年です。**

　　教育委員会の**委員の任期は4年**ですが、**教育長の任期は3年**となっています（地教法5①）。なお、**教育長、教育委員**は、長の**被選挙権**を有しなくてはなりません（同4①②）。

4 ○ **地教法13のとおりです。**

　　平成27年4月の法改正以前は、教育委員会の会議を主宰する教育委員長と、教育委員会事務局の事務の統括等を行う教育長の権限が分かれていましたが、現在は一体のものとなっています。

5 ✕ **制限が設定されています。**

　　教育長及び委員の任命については、そのうち**委員の定数に1を加えた数の1/2以上の者が同一の政党に所属することとなってはなりません**（地教法4④）。

選挙管理委員会

問 普通地方公共団体の選挙管理委員会について妥当なものはどれか。

1 選挙管理委員は、選挙権を有する者で、人格が高潔で、政治及び選挙に関し公正な識見を有するもののうちから、普通地方公共団体の議会において、これを選挙する。

2 選挙管理委員が欠けたときは、再度選挙を行う。

3 選挙管理委員は、普通地方公共団体の議会の議員及び長と兼ねることができないが、普通地方公共団体における公安委員会の委員と兼ねることはできる。

4 普通地方公共団体の長は、選挙管理委員が心身の故障のため職務の遂行に堪えないと認めるときは、これを罷免することができるが、この場合においては、必ず議会の常任委員会において公聴会を開かなければならない。

5 選挙管理委員会の委員長が退職しようとするときは、当該選挙管理委員会の承認を得る必要はなく、当該普通地方公共団体の議会の議長に申し出なければならない。

解説　　　　　　　　　　　　　　　　　　　　　　　　　　　**正解** **1**

1　**○**　法182①のとおりです。

　　委員ととともに、議会は、選挙管理委員の選挙を行う場合、**選挙権を有する**者で、**人格が高潔**で、**政治及び選挙に関し公正な識見**を有するもののうちから、**委員と同数の補充員を選挙**しなければなりません（法182②）。

2　**×**　**補充員**の中から**補充**します。

　　委員中に**欠員**があるときは、選挙管理委員会の**委員長**は、**補充員**の中からこれを**補欠**します（同③）。

3　**×**　**公安委員会の委員**との兼職も認められません。

　　選挙管理委員は、**長**（法182⑦）、**国会議員**（法193(141①を準用)）、**地方議員**（法182⑦）、**検察官、警察官**若しくは**収税官吏**又は**公安委員会の委員**（法193(166①を準用)）の兼職が認められません。

4　**×**　**公聴会**は**常任委員会**又は**特別委員会**です（法184の2①）。

　　職務上の義務違反その他選挙管理委員たるに適しない非行があると認めるときも罷免されます。

5　**×**　**議長申出は不要**で、**委員会の承認**が必要です（法185①）。

　　なお、**委員の退職**には、**委員長の承認**が必要です（同②）。

> **ここがポイント!**　　選挙管理委員会の担任事務等

担任事務	選挙に関する事務等（法186）
選任要件	選挙権を有する者で、人格が高潔で、政治及び選挙に関し公正な識見を有するもの（法182①）
数	**4人**（法181②）　**4人の補充員**
選任	議会で選挙（法182①）
失職等	選挙権を有しなくなったときなどは**失職**、**委員会**が決定（法184①） **心身の故障**のため職務の遂行に堪えないときなどは、**議会の委員会**で**公聴会**を開催の上、**議決により罷免**（法184の2①） **委員長**は**委員会**、**委員**は**委員長の承認**で**退職**できる（法185）
事務局	書記長、書記など（町村は書記）（法191）
その他	指定都市では、行政区にも選挙管理委員会を設置（法252の20⑤）

チェック欄

問 給与とその他の給付について妥当なものはどれか。

1 普通地方公共団体の長及びその補助機関たる常勤の職員等の給料、手当及び旅費の額並びにその支給方法は、条例でこれを定めなければならない。

2 附属機関の委員は、特別職の非常勤の地方公務員であり、普通地方公共団体は給与を支給しなければならない。

3 普通地方公共団体は、規則で、その議会の議員に期末手当を支給することができる。

4 識見を有する常勤の監査委員は、退職金の支給を受けることができない。

5 普通地方公共団体の長は、給与その他の給付に関する処分についての審査請求がされた場合には、当該審査請求が不適法であり、却下するときを含め、自らの判断に基づき、当該審査請求に対する裁決をしなければならない。

解説 正解 **1**

1 ○ 法204③のとおりです。

普通地方公共団体は、いかなる**給与その他の給付**も**法律**又はこれに基づく**条例に基づかず**には**支給できません**（法204の2）。

また、常勤職員に対しては給料、手当、旅費が、非常勤職員には報酬、費用弁償等が支払われることになります（法203の2、204）。

2 × 報酬を支払うことになります。

非常勤の職員に対しては**報酬**を支払わなくてはなりません（法203の2①）。また、職務を行うのに必要な**費用弁償**を受けることができます（同③）。

3 × 規則でなく、**条例**による必要があります。

普通地方公共団体は、議会の議員に対し、**議員報酬**を支給しなくてはならず（法203①）、**条例**で、**期末手当**を支給することができます（同③）。また、議員は**費用弁償**を受けることができます（同②）。議員報酬等の額、支給方法は条例で定めなくてはなりません（同④）。

4 × **退職金等の手当**を支給することができます（法204②）。

5 × **却下**のときを除き、**議会**に諮問しなくてはなりません（法206②）。

ここがポイント！ 報酬と給与の支給

対象	報酬と給与	費用弁償
議員（法203）	議員報酬 期末手当（条例で支給できる）	費用弁償
行政委員会の委員等非常勤職員、パートタイムの会計年度任用職員（法203の2）	**報酬**（勤務日数に応じて支給。条例でそれ以外に変更可能） 期末手当（会計年度任用職員）	費用弁償
常勤職員、常勤の委員、短時間勤務職員、フルタイムの会計年度任用職員（法204）	**給与**（給料、手当）	旅費

第4章

財務と公の施設

債務負担行為

問 普通地方公共団体の継続費等について妥当なものはどれか。

頻出

1 継続費の毎会計年度の年割額に係る歳出予算の経費の金額のうち、その年度内に支出を終わらなかったものは、当該継続費の継続年度の終わりまで逓次繰り越して使用できる。

頻出

2 繰越明許費とは、普通地方公共団体の経費をもって支弁する事件でその履行に数年度を要するものについて、予算の定めるところにより、その経費の総額及び年割額を定め、数年度にわたって支出することができる経費をいう。

頻出

3 普通地方公共団体が債務負担行為をするには、歳出予算の金額、継続費の総額又は繰越明許費の金額の範囲内におけるものを除くほか、予算で債務負担行為として定めておく必要はない。

頻出

4 普通地方公共団体は、債務負担行為として予算で定めなければ、翌年度以降にわたり、電気、ガス若しくは水の供給若しくは電気通信役務の提供を受ける契約又は不動産を借りる契約を締結することができない。

頻出

5 歳出予算の経費の金額のうち、年度内に支出負担行為をし、避けがたい事故のため年度内に支出を終わらなかったものについては、これを翌年度に繰り越して使用する場合、予算で定めておかなければならない。

┄┄

ここがポイント！ 会計年度独立の例外①

①**継続費の逓次繰越**（法212、令145①）	継続費で、年度内に支出を終わらなかったものは、当該継続費の継続年度の終わりまで逓次繰り越して使用可能
②**繰越明許費**（法213）	性質上・予算成立後の事由により年度内に**支出が終わらない見込み**のものは、**予算**で定め、翌年度に**繰越**可能

解説　　　　　　　　　　　　　　　　　　　　　　　　　　　**正解　❶**

❶　〇　継続費の逓次繰越の説明です（令145①）。

継続費は、履行に数年度を要する場合、予算の定めによって、その経費の総額及び年割額を定め、数年度にわたって支出するものをいい（法212①②）、継続費の逓次繰越（令145①）は予算の単年度主義の例外になります。

❷　✕　継続費の説明です（法212）。1の選択肢参照。

❸　✕　予算で定めておく必要があります。

債務を負担する行為をするには、予算で債務負担行為として定めておかなければなりません（法214）。

❹　✕　長期継続契約に該当し予算で定める必要はありません。

電気、ガス若しくは水の供給若しくは電気通信役務の提供を受ける契約又は不動産を借りる契約などは、長期継続契約といわれ、債務負担行為を設定することなく、各年度の予算の範囲内で支出できます（法234の3）。

❺　✕　予算で定める必要はありません。

選択肢の内容は事故繰越の内容です。歳出予算の経費の金額のうち、年度内に支出負担行為をし、避けがたい事故のため年度内に支出を終わらなかったものは、翌年度に繰り越して使用することができます（法220③ただし書き）。

ここがポイント!　　**会計年度独立の例外②**

③事故繰越し（法220③ただし書き）	支出負担行為をし、避けがたい事故のため年度内に支出を終わらなかったものは、翌年度に繰越可能
④過年度収入及び過年度支出（令160、165の8）	出納閉鎖後の収入・支出を現年度のものとする
⑤歳計剰余金の繰入（法233の2本文）	歳計剰余金を翌年度の歳入に繰入
⑥翌年度歳入の繰上充用（令166の2）	会計年度経過後に、歳入が不足するときは、翌年度の歳入を繰り上げて充当

問 分担金、使用料、手数料について妥当なものはどれか。

頻出

1 分担金は、地方公共団体全体に利益のある事件に関し、必要な費用に充てるために徴収するもので、分担金に関する事項は規則で定めなければならない。

頻出

2 使用料は、行政財産の目的外使用又は公の施設の利用などについて、徴収するものである。

頻出

3 手数料は、地方公共団体の事務で特定の者のためにする事務だけでなく、もっぱら行政の必要のためにする事務についても徴収でき、地方公共団体の職員採用試験の手数料を徴収できる。

頻出

4 分担金又は法律で定める使用料については、地方税の滞納処分とは異なり、強制徴収することは認められていない。

5 普通地方公共団体は、原則として現金により収入するとされており、使用料及び手数料の徴収については、証紙による収入の方法を定めることはできない。

ヒント：比較でわかる！ <!-- --> 分担金と使用料等

名称	徴収内容	例
分担金（法224）	**特定事件の必要な費用**に充てるため、**受益者**から、その**受益の限度**において徴収	道路工事で著しく利益を受ける場合
使用料（法225、法226）	①行政財産の使用許可　②公の施設の利用　③旧慣による公有財産の使用の対価	会議室の使用料、水道料金
加入金（法226）	旧慣による公有財産の使用を新たに認められたものから徴収	
手数料（法227）	特定の者のためにする事務について徴収	住民票発行手数料等

※ 手数料について全国的に統一して定めることが特に必要と認められるものは、政令で定める額を標準として条例を定めなければなりません（法228①）。

106

解説 正解 **2**

1 ✕　分担金は**一部に利益のある事件**が対象で、**条例で定めなく**
てはなりません。

　　分担金は、**数人**又は普通地方公共団体の**一部に対し利益のある**
事件に関し、その**必要な費用に充てる**ため、当該事件により特に
利益を受ける者から、その受益の限度において、分担金を徴収し
ます（法224）。**分担金、使用料、加入金**及び**手数料**に関する事項
については、**条例で定めなければなりません**（法228）。

2 ◯　**法225のとおり**です。

　　普通地方公共団体は、**行政財産の目的外使用許可に基づく行政
財産の使用、公の施設の利用**につき使用料を徴収することができ
ます（法225）。また、旧慣使用の財産の使用料も徴収できます
（法226）。

3 ✕　もっぱら**行政の必要にする事務は徴収できません**（法227）。

　　前半は正しいですが、もっぱら地方公共団体の**行政上の必要の
ためにする事務**については**手数料を徴収できません**（行実昭
24.3.14）。このため、**職員の採用試験には試験手数料を徴収でき
ません**（行実昭30.9.14）。

4 ✕　**強制徴収できます**。

　　分担金、使用料、加入金、手数料、過料その他の普通地方公共
団体の歳入を**納期限までに納付しない者**があるときは、**期限を指
定して督促しなくてはなりません**（法231の3①）。督促を受けた
者が指定された期限までにその納付すべき金額を納付しないとき
は、当該歳入並びに当該歳入に係る手数料及び延滞金について、
地方税の滞納処分の例により処分できます（同③）。

5 ✕　**証紙により収入**することができます。

　　普通地方公共団体は、**使用料又は手数料の徴収**については、条
例の定めるところにより、**証紙による収入の方法**によることがで
きます（法231の2①）。

財産の種類と管理

出る頻度 **A**

問 普通地方公共団体の財産として妥当なものはどれか。

1 財産とは、公有財産、物品及び債権並びに基金があり、地方公共団体の所有に属する不動産、動産、有価証券、歳計現金等が含まれる。

2 財産は、条例又は議会の議決による場合でなければ、これを交換し、出資の目的とし、若しくは支払手段として使用し、又は適正な対価なくしてこれを譲渡し、若しくは貸し付けてはならない。

3 職員は、公有財産を譲り受けることができない。

4 公有財産の取得、管理、処分はすべて長の権限に属し、公営企業も例外ではない。

5 不動産、船舶、浮標、浮桟橋及び浮ドック並びに航空機の従物は、公有財産でない。

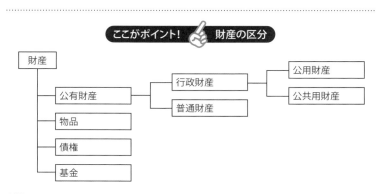

ここがポイント！　財産の区分

解説　　　　　　　　　　　　　　　　　　　　　　　**正解 2**

1　✕　**歳計現金は含まれません。**

　　財産とは、公有財産、物品及び債権並びに基金をいい（法237
①）、歳計現金は含まれません。

2　○　法237②のとおりです。

3　✕　**公有財産に関する事務に従事する職員でなければ可能です**
（法238の3①）。

4　✕　**公営企業管理者は権限を有します。**

　　当該企業の用に供する資産を取得し、管理し、及び処分するこ
とは公営企業管理者の権限となっています（地公企法33①）。

5　✕　**不動産・動産の従物は公有財産です**（法238①(3)）。

ここがポイント!　　　　**財産区分とその内容**

公有財産（法238①）	①不動産 ②船舶、浮標、浮桟橋及び浮ドック並びに航空機 ③①②の従物 ④地上権、地役権、鉱業権その他これらに準ずる権利 ⑤特許権、著作権、商標権、実用新案権その他これらに準ずる権利 ⑥株式、社債、地方債及び国債その他これらに準ずる権利 ⑦出資による権利 ⑧財産の信託の受益権
物品（法239①）	①所有に属する動産（現金、公有財産、基金除く） ②使用のために保管する動産
債権（法240①）	金銭の給付を目的とする権利
基金（法241①）	条例の定めるところにより、 ①特定の目的のために財産を維持し、資金を積み立てるもの （**積立基金**） ②定額の資金を運用するもの（**運用基金**）

52 物品、債権

出る頻度 **A**

問 物品、債権に関する記述として妥当なものはどれか。

頻出

1 物品とは、地方公共団体の所有に属する動産のことであり、地方公共団体が使用のために保管する動産は物品に含まれない。

頻出

2 物品に関する事務に従事する職員は、その取扱いに係る物品を地方公共団体から譲り受けてはならないが、これに違反してなされた物品の譲渡は、議会の議決により取り消されるまでは、有効なものとして扱われる。

頻出

3 債権は、金銭の給付を目的とする普通地方公共団体の権利をいう。

頻出

4 債権は、普通地方公共団体の長が、その督促、強制執行その他その保全及び取立てに関し必要な措置をとらなければならず、当該債権に係る債務の免除は一切することができない。

5 分担金などの公法上の債権は、5年を経過したのちの時効の援用が必要である。

解説　　　　　　　　　　　　　　　　　　　　　　正解　**3**

1　✕　使用のために保管する動産も物品です。

　「物品」とは、①現金（現金に代えて納付される証券を含む。）、②公有財産に属するもの、③基金に属するものを除く、所有に属する動産、及び使用のために保管する動産をいいます（法239①）

2　✕　物品の譲受禁止規定に違反した行為は無効です。

　物品に関する事務に従事する職員は、政令で定めるものを除き、その取扱いに係る物品を普通地方公共団体から譲り受けることができず（法239②）、違反行為は、無効です（同③）。

　なお、政令が定める①証紙その他その価格が法令の規定により一定している物品、②売払いを目的とする物品又は不用の決定をした物品で長が指定するものは譲り受けられます（令170の2）。

3　◯　法240①のとおりです。

4　✕　債務の免除も可能です。

　長は、債権について、政令の定めるところにより、その督促、強制執行その他その保全及び取立てに関し必要な措置をとらなければなりませんが（法240②）、政令の定めるところにより、その徴収停止、履行期限の延長又は当該債権に係る債務の免除をすることができます（同③）。

5　✕　時効の援用は必要ありません。

　金銭の給付を目的とする普通地方公共団体の権利は、他の法律に定めがあるものを除くほか、行使することができるときから**5年間**行使しないときは、**時効により消滅**します（法236①）。また、時効による消滅については、援用を必要としません（同②）。

チェック欄 ☐ ☐ ☐

出る頻度 **A**

問 住民監査請求について妥当なものはどれか。

頻出

❶ 住民監査請求は、法律上の行為能力を有する地方公共団体の住民で、自然人だけが行うことができる。

❷ 住民は、長又は当該地方公共団体の職員によりなされた違法な公金の支出に対して住民監査請求を行うことができるが、行政委員会の行為についてはこれを行うことができない。

頻出

❸ 住民監査請求は、正当な理由がない限り、当該行為のあった日又は終わった日から1年を経過したときは、行うことができない。

❹ 監査委員は、住民監査請求があった当該行為が違法であると思料するに足りる相当な理由がある場合に停止すべきことを勧告することができる。

頻出

❺ 監査委員は、住民監査請求に理由があると認めるときは、議会、長その他の執行機関又は職員に対し、必要な措置を講ずべきことを勧告できるが、期間を示すことはできない。

ここがポイント！ 住民監査請求の要件

①対象	長、委員会、委員、職員	
②性格	違法、不当な行為	
③財務会計行為	行為	❶公金の支出 ❷財産の取得、管理、処分 ❸契約の締結、履行 ❹債務その他の義務の負担
	怠る事実	❶公金の賦課・徴収を怠る事実 ❷財産の管理を怠る事実

解説 正解 **3**

1 ×　**法人**でもできます。

　　住民監査請求は**住民**が行うことができ（法242①）、法律上の**行為能力**の認められている限り、**法人**たると**個人**たるとを問いません（行実昭23.10.30）。請求があったとき監査委員は議会及び長に直ちに当該請求の要旨を通知します（同③）。

2 ×　**行政委員会**に対してもできます。

　　住民監査請求の対象は、普通地方公共団体の**長**、**委員会・委員**、普通地方公共団体の**職員**の**違法・不当**な**公金の支出**、**財産の取得**、**管理**若しくは**処分**、**契約の締結**若しくは**履行**若しくは**債務**その他の**義務の負担**、**違法・不当**に**公金の賦課**等や**財産の管理を怠る事実**など（**財務会計上の行為**）となっています（法242①）。

3 ○　法242②のとおりです。

　　正当な理由の有無は、**住民が相当の注意力**をもって調査した時に**客観的**にみて**当該行為を知る**ことができたかどうか、また、当該行為を知ることができたと解されるときから相当の期間内に監査請求をしたかで判断すべきです（最判63.4.22）。

4 ×　公共の福祉の阻害のおそれがない等の要件が必要です。

　　①**違法であると思料するに足りる相当な理由**、②**回復の困難な損害**を避けるため**緊急の必要**、かつ、③**公共の福祉を著しく阻害するおそれがない**と認めるときは、停止を勧告できます。この場合、請求人に通知し、公表しなくてはなりません（法242④）。

5 ×　期間を示さなくてはなりません。

　　①請求に**理由がない**と認めるときは、**理由を付してその旨を書面**により**請求人に通知**し、**公表**、②請求に**理由がある**と認めるときは、**議会、長**その他の**執行機関又は職員**に対し**期間を示して必要な措置**を講ずべきことを**勧告**、**請求人に通知**し、**公表**しなければなりません（法242⑤）。

公の施設

問 自治法に規定する公の施設として妥当なものはどれか。

頻出

1 公の施設とは、住民の利用に供する施設であり、たとえ、公の目的のために設置された施設であっても、住民の利用に供することを目的としないものは公の施設ではない。

頻出

2 公の施設の設置に当たり、地方公共団体は当該公の施設について、所有権を取得することが必要であり、賃借権や使用貸借権では当該公の施設を住民に利用させる権原を取得したことにはならない。

頻出

3 普通地方公共団体が、当該地方公共団体の住民と他の地方公共団体の住民とで、公の施設の使用料に差を設けることは、不当な差別的取扱いに当たる。

頻出

4 公の施設の設置及びその管理に関する事項は、その施設の管理運営者が長であるときは、長が制定する規則で定めなければならない。

頻出

5 条例で定める重要な公の施設のうち条例で定める特に重要なものについて、これを廃止し又は条例で定める長期かつ独占的な利用をさせようとするときは、議会において、出席議員の過半数の者の同意を得なければならない。

解説　　　　　　　　　　　　　　　　　　　　　　　　　　　**正解 ❶**

❶　**○**　法244①のとおりです。

　公の施設は、**住民の福祉を増進する目的**をもってその**利用に供
する**ための**施設**をいい（法244①）、住民の利用に供さなければ公
の施設ではありません。

❷　**×**　**賃借権等**でも公の施設になります。

❸　**×**　不当な差別には当たりません。

　不当な差別的取扱いは禁止されていますが（法244③）、当該地
方公共団体の住民以外からある程度高い使用料を徴収することな
どは許容されます

❹　**×**　条例で定めなければなりません。

　公の施設の設置及びその**管理**に関する事項は、**条例**でこれを定
めなければなりません（法244の2①）。

❺　**×**　出席議員の2/3以上の者の同意が必要です。

　前半は法244の2②のとおりですが、特別議決を要する点が異
なります。なお、**条例で定める重要な公の施設の長期かつ独占的
な利用**については、**出席議員の過半数**で可決します（法96⑾）。

　また、普通地方公共団体の長は、**公の施設を利用する権利に関
する処分についての審査請求**があったときは、不適法で却下する
ときを除き、**議会に諮問**してこれを決定しなければならず、議会
は、当該諮問があった日から**20日以内**に意見を述べなければな
りません（法244の4②③）。

チェック欄

出る頻度 **A**

頻出

問 公の施設について妥当なものはどれか。

1 普通地方公共団体は、条例の定めるところにより、法人及び個人であって当該普通地方公共団体が指定するものに、公の施設の管理を行わせることができる。

2 普通地方公共団体の長は、条例の定めるところにより、指定管理者に、公の施設を利用する権利に関する処分及び使用料の強制徴収を行わせることができる。

3 普通地方公共団体は、指定管理者の指定をしようとするときは、あらかじめ当該地方公共団体の議会の議決を経なければならない。

頻出

4 普通地方公共団体の長は、指定管理者の管理する公の施設の管理の適正を期するため、指定管理者に対し、当該管理の業務の状況に関し報告を求めることができるが、実地について調査し、又は必要な指示をすることはできない。

頻出

5 普通地方公共団体は、その区域外においても、国及び関係地方公共団体との協議により、公の施設を設けることができる。

解説　　　　　　　　　　　　　　　　　　　　　　　　　正解 **3**

1　×　個人にはできません。

　法人その他の団体に**公の施設の管理を行わせる**制度を**指定管理者制度**といいます（法244の2③）。

2　×　使用料の強制徴収等を行わせることはできません。

　長は**条例の定めるところ**により、**指定管理者**に**使用許可**を行わせることができますが、**使用料の強制徴収等法令により長のみが行うことができる権限**については**指定管理者**に行わせることはできません（通知平15.7.17）。

　なお、指定管理者制度においては、**利用料金**を**指定管理者の収入**として収受させることも可能です（法244の2⑧）。この場合、**条例の定めるところ**により、**地方公共団体の承認**を受けたうえで、**指定管理者が利用料金を定めます**（同⑨）。

3　○　法244の2⑥のとおりです。

4　×　長は、実地の調査等ができます。

　長等は、指定管理者の管理する**公の施設の管理の適正を期するため**、指定管理者に対して、①当該**管理の業務**又は**経理の状況**に関し**報告**を求め、②**実地**について**調査**し、又は③**必要な指示**をすることができます（法244の2⑩）。

5　×　国との協議は不要です。

　普通地方公共団体は、**区域外**でも、**関係普通地方公共団体との協議**により、**公の施設を設ける**ことができます（法244の3①）。また、他の地方公共団体の公の施設を自己の住民に利用させることもできます（同②）。

予算の編成

出る頻度 **B**

問 地方公共団体の予算編成について、妥当なものはどれか

❶ 補正予算とは、予算の調製後に生じた事由に基づいて、既定の予算に追加その他の変更を加える必要があるときに調製されるものをいう。

❷ 暫定予算は、本予算成立までのつなぎとして調製されるが、暫定予算に基づく支出又は債務負担行為があるので、本予算が成立したときも失効しない。

頻出

❸ 骨格予算は、自治法に基づき、政策的な経費を除いた最小限の予算をいう。

❹ 地方公共団体の長は、歳出予算内の支出をするため、一時借入金を借り入れることができるが、予算において借入の概算額を定める必要がある。

❺ 予算の調製は長に属するが、例外として、地方公営企業の予算は、公営企業管理者が調製する。

比較でわかる! **/** 予算の概念比較①

当初予算 （法211 ①前段）	会計年度開始前に議決すべき 予算	補正予算 法（218 ①）	予算の調製後に生じた事由に 基づいて、既定の予算に変更 を加えるもの
本予算 （法211 ①前段）	当初予算のこと	暫定予算 （法218 ②）	当初予算の成立の見込みがな い場合などにつなぎとして調 製
本格予算	政策的経費等も盛り込んだ予 算	骨格予算	義務的経費など、最小限の経 費を盛り込んだ予算

解説 正解 **❶**

❶ ○ 法218①の内容です。

❷ × **暫定予算は失効**します（法218③）。

暫定予算は、**一会計年度のうちの一定期間に係る予算**で（同②）、当該**会計年度の予算が成立**したときは、その**効力を失います**が、暫定予算に基づく**支出又は債務の負担**は、当該会計年度の**予算に基づくものとみなします**（同③）。

❸ × **法に骨格予算の規定はありません**。

骨格予算は、自治法上の用語ではなく、慣行として調製が行われるものです。会計年度の開始間もない４月の統一地方選挙で長の選挙が行われる場合などに、**政策的な経費を除いた最小限の予算**を調製し、**議決を得る**ものをいいます。

❹ × **最高額を定める**必要があります。

普通地方公共団体の長は、歳出予算内の支出をするため、**一時借入金を借り入れる**ことができ（法235の３①）、この一時借入金の借入れの**最高額**は、**予算で定めなければなりません**（同②）。この一時借入金は、その**会計年度の歳入をもって償還**しなければなりません（同③）。

❺ × **地方公営企業の予算も調製は長の権限**です。

公営企業管理者は、**予算の原案を作成**し、**長に送付**するにとどまり（地公企法９(3)）、**予算を調製する権限を有していません**（同８(1)）。なお、決算は、一般会計等は会計管理者（法170②(7)）、企業会計は公営企業管理者が調整します（地公企法９(5)）。

比較でわかる！ ❗ **予算の概念比較②**

一般会計予算（法209①）	地方公共団体の会計の中心で、地方税などを主な歳入として、教育、福祉、土木などの歳出に充てられる会計の予算	特別会計予算（法209②）	特定の歳入をもって特定の歳出に充てる場合など、一般の歳入歳出と区分して経理する必要がある場合に設けられる会計の予算

問 普通地方公共団体の予算の執行について妥当なものはどれか。

1 地方公共団体の長は、あらたに予算を伴う条例案については、必要な予算上の措置が適確に講ぜられる見込みが得られるまでの間は、議会に提出できない。

2 予算外の支出又は予算超過の支出に予備費を充てることは、議会の議決を必要とせず、普通地方公共団体の長の権限で行うことができ、議会の否決した費途にも充てることができる。

3 歳出予算の経費の金額は、各款の間又は各項の間において相互に流用することができないが、各款又は各項の経費の金額は、予算の執行上必要がある場合に限り、予算の定めるところにより流用することができる。

4 翌年度歳入の繰上充用は、翌年度の歳入を繰り上げて充てることであり、翌年度の歳入歳出予算では、その額を控除しなければならない。

5 普通地方公共団体の長は、委員会若しくは委員又はこれらの管理に属する機関で権限を有するものに対し、収入及び支出の実績若しくは見込みについて報告を徴し、予算の執行状況を実地調査することはできるが、その結果に基づいて必要な措置を講ずべきことを求めることはできない。

解説 正解 **1**

1 ○ 法222①のとおりです。

「**講ぜられる見込み**」とは、**関係予算案が議会に提出**されたときのことをいいます（通知昭31.9.28）。

規則等も、**あらたに予算を伴う場合、必要な予算上の措置が適確に講ぜられるまで、制定・改正できません**（同②）。

なお、職員を増加するための**職員定数条例の改正案**は、「あらたに予算を伴うもの」に**該当しません**（実例昭55.12.25）。

2 × **議会が否決した費途には使えません**（法217②）。

予備費は、**予算外の支出・予算超過の支出**に充てるため、**歳入歳出予算に計上しなければなりません**が、**特別会計には計上しないことができます**（法217①）。なお、特別会計では、**業務量の増加**により**経費不足**を生じたときは、**業務量の増加に伴う収入増を経費に使用できる弾力条項**が認められます（法218④）。

3 × **款の経費は予算で定めても流用できません。**

前半は選択肢のとおりですが、**歳出予算の各項の経費の金額**は、**予算の執行上必要がある場合**に限り、**予算の定めるところにより、流用できます**（法220②）。

4 × **翌年度の歳入歳出予算に編入する必要があります。**

会計年度経過後に歳入不足が生じるときは、**翌年度の歳入を繰り上げて充てる**ことができ、これを**翌年度歳入の繰上充用**といいます。この場合、**必要な額を翌年度の歳入歳出予算に編入**しなければなりません（令166の2）。

5 × **必要な措置も求めることができます。**

予算の執行に関する長の総合調整権として、長は、予算の執行の適正を期するため、委員会・委員等に対し、収入及び支出の実績等について、**①報告の徴収、②実地の調査、③結果に基づく必要な措置の要求**ができます（法221①）。

問 地方自治法に定める収入として妥当なものはどれか。

1 詐欺その他不正の行為により、分担金、使用料、加入金又は手数料の徴収を免れた者については、規則でその徴収を免れた金額の5倍に相当する金額以下の過料を科する規定を設けることができる。

2 普通地方公共団体の歳入を収入するときは、これを調定し、納入義務者に対して納入の通知をしなければならず、事前に、調定を行わないで収入することはない。

3 分担金、使用料、加入金、手数料、過料などの歳入を納期限までに納付しない者があるときは、長は、期限を指定してこれを督促しなければならないが、督促をしなくとも、手数料及び延滞金を徴収することができる。

4 普通地方公共団体は、公金の徴収若しくは収納又は支出の権限を私人に委任し、又は私人をして行なわせることは一切できない。

5 普通地方公共団体の歳入は指定金融機関が指定されている場合は、口座振替の方法によることができる。

解説   正解 **5**

1 ×　規則でなく**条例**で設けられます。

　　徴収を免れた金額の**5倍に相当する金額**（5倍に相当する金額
が5万円を超えないときは、5万円）以下の**過料**を科する規定を
条例で設けることができます（法228③）。

2 ×　性質上納入通知書によりがたい歳入は他の方法でできます
（令154③ただし書き）。

　　調定は、徴収に関する地方公共団体の**内部的意思決定**の行為を
いい、調定を行ったうえで、**納入通知**を行います（法231）。この
例外として、証紙による収入の方法などがあり、**証紙の売りさば
き代金をもって歳入**とするとされ（法231の2②）、**収入のあとに
調定（事後調定）**が行われるものもあります。

3 ×　督促をした場合に手数料・延滞金を徴収できます。

　　長は、期限を指定して督促し（法231の3①）、この場合、条例
の定めるところにより、**手数料及び延滞金を徴収**できます（同
②）。

4 ×　法律等に特別の定めのある場合可能です。

　　私人の公金取扱いは制限されますが、**法律又はこれに基づく政
令に特別の定め**がある場合は可能です（法243）。①使用料、②手
数料、③賃貸料などは、**収入の確保及び住民の便益の増進に寄与**
すると認められる場合に限り、私人にその徴収又は収納の事務を
委託することができます（令158①）。この場合、長は、その旨を
告示し、かつ、**当該歳入の納入義務者の見やすい方法により公表**
しなければなりません（同②）

5 ○　法231の2③のとおりです。

　　普通地方公共団体の歳入は、**指定金融機関が指定されている場
合**、口座振替の方法、又は証券をもって**納付**できます。

問 普通地方公共団体の決算について妥当なものはどれか。

１ 普通地方公共団体の長は、決算を議会の認定に付するに当たっては、当該決算に係る会計年度における主要な施策の成果を説明する書類その他政令で定める書類を併せて提出しなければならない。

２ 普通地方公共団体の長は、議会の認定に付した決算の要領を住民に公表しなければならないが、議会において認定されなかった決算は公表することができない。

頻出

３ 歳計剰余金は、決算の結果生じた剰余金であるが、会計年度独立の原則により、歳計剰余金を翌年度に繰り越すことは禁じられている。

４ 歳入の会計年度所属区分について、随時の収入で納入通知書を発するものの所属年度は、当該収入を領収した日の属する年度とされている。

５ 会計管理者は、決算を調製し、出納の閉鎖後２か月以内に、証書類などと併せて、長に提出しなければならず、長は、監査委員の審査に付した決算を監査委員の意見を付けて、議会の認定に付さなければならない。

解説   正解 **1**

1 **○** 法233⑤のとおりです。

主要施策成果説明書のほか、歳入歳出決算事項別明細書、実質
収支に関する調書及び財産に関する調書を提出する必要がありま
す（令166②）。

2 **×** **公表する必要**があります。

決算の認定に関する**議案が否決**された場合でも公表する必要が
あります（行実）。さらに、**議決を踏まえて必要と認める措置を
講じたとき**は、速やかに、**当該措置の内容を議会に報告**するとと
もに、これを**公表**しなければなりません（法233⑦）。

3 **×** **翌年度の歳入に編入**しなくてはなりません。

歳計剰余金が生じたときは、**翌年度の歳入に編入**しなければな
りませんが、**条例の定め**や、**議会の議決**により、その**全部又は一
部を繰り越さないで基金に編入**することができます（法233の２）。

4 **×** 当該**通知書を発した日の属する年度**です（令142①(2)）。

なお、納期の一定している収入は、その納期の末日の属する年
度です（令142①(1)）。

5 **×** 閉鎖後２か月以内でなく、**３か月以内**です（法233①）。

出る頻度 B

問 普通地方公共団体の契約の締結について妥当なものはどれか。

頻出

1 売買、貸借、請負の契約が、随意契約又はせり売りの方法によることができるのは、政令で定める場合に限られ、この政令に定める場合に 該当しない契約は、指名競争入札によらなければならない。

頻出

2 普通地方公共団体は、一般競争入札又は指名競争入札に付する場合、当該普通地方公共団体の支出の原因となる契約については、予定価格の制限の範囲内の価格をもって申込みをした者のうち、必ず最低の価格をもって申込みをした者と契約しなくてならない。

3 普通地方公共団体が契約の相手方に契約保証金を納付させた場合において、契約の相手方が契約上の義務を履行しないときは、その契約保証金は、損害の賠償又は違約金について契約に別段の

頻出

定めがない限り、当該普通地方公共団体に帰属する。

4 普通地方公共団体の長は、工事の請負契約につき、特に専門的な知識を必要とすることにより当該普通地方公共団体の職員によって監督又は検査を行うことが困難であるときは、当該普通地方公共団体の職員以外の者に委託して検査を行わせることができるが、監督を委託して行わせることはできない。

5 入札の結果、同じ最低価格で入札したものが2以上あるときは、再度の入札に付さなくてはならない。

解説

1 ×　**一般競争入札**によらなければなりません。

　　契約は、**一般競争入札、指名競争入札、随意契約又はせり売り**の方法により締結しますが、一般競争入札によることが原則であって、それ以外の方法は、政令で定める場合に該当するときに限られます（法234①②）。

2 ×　**価格、他の条件**が最も有利な者と契約できます。

　　予定価格の制限の範囲内で**最高**又は**最低**の価格をもって申込みをした者を契約の相手方とすることが基本ですが（法234③）、価格その他の条件が当該普通地方公共団体にとって最も有利なものを申込みした者を落札者とする**総合評価一般競争入札**（令167の10の2）等によることができます。

3 ○　法234の2②のとおりです。

4 ×　**職員以外**のものに**監督**も**委託**できます。

　　工事・製造などの請負契約や物件の買入れなどの**契約**をした場合、**職員**が**監督**又は**検査**をしなければなりません（法234の2①）。ただし、**特に専門的な知識又は技能を必要**とするなどの理由により、**職員**によって**監督・検査を行なうことが困難**であるなどと認められるときは、**職員以外の者**に**委託**して当該**監督・検査**を行なわせることができます（令167の15④）。

5 ×　**くじ引き**によります。

　　一般競争入札で、落札となるべき**同価の入札をした者が2人以上**の場合、直ちに、**くじを引かせて落札者を定め**なければならず、くじを引かない者がある場合、入札事務に関係のない職員がくじを引きます（令167の9）。指名競争入札もこの規定が準用されます（令167の13）。

契約の締結の手法

問 地方公共団体の契約の種類として妥当なものはどれか。

1 指名競争入札は、政令の範囲内において規則で定める予定価格を超えないものをするときに用いることができる。

2 随意契約は、一般競争入札に付し、入札者がないとき又は再度の入札に付し落札者がないときにのみできる。

3 落札者が契約を締結しないときは、指名競争入札に付さなくてはならない。

4 せり売りは、不動産の入札にも用いることができる。

5 緊急の必要により競争入札に付することができないときは、随意契約によることができる。

解説　　　　　　　　　　　　　　　　　　　　　　　　　正解　**5**

1　×　随意契約の説明です。

　　随意契約は、次の場合などに締結できます（令167の2）。①予定価格が**規則で定める額を超えない**とき。②契約の**性質・目的**が**競争入札に適しない**とき。③**緊急の必要**により競争入札に付することができないとき。④**競争入札に付することが不利**と認められるとき。⑤時価に比べ著しく**有利な価格で契約を締結**することができる見込みのあるとき。⑥競争入札に付し入札者がないとき、又は**再度の入札に付し落札者がない**とき。⑦**落札者が契約を締結しない**とき。

2　×　他の場合にも実施できます。

　　選択肢1の解説参照。

3　×　随意契約に付さなくてはなりません。

　　選択肢1の解説参照。

4　×　不動産には用いることができません。動産のみです。

　　せり売りによることができる場合は、**動産の売払い**で当該契約の性質が**せり売りに適している**ものをする場合となります（令167の3）。

5　○　令167の2①(5)のとおりです。

ここがポイント！　入札の方法

手法	内容
一般競争入札	**不特定多数**の者に参加させ、**最も有利な価格**（条件）をもって申し込んだ者と契約を締結する入札方法（法234③、令167の4〜167の10の2）
指名競争入札	実績、従業員の数、資本の額など参加の要件を定め、適当であると認める**特定の者を指名**した上で**競争入札**させ、**最も有利な価格**を提供する者との間に契約を締結する入札方法（法234③、令167、167の11〜13）
随意契約	競争入札の方法によらないで**任意に特定の相手方を選択**し契約を結ぶ方法（令167の2）
せり売り	**口頭で価格競争**をするもの。**動産の売払いのみ可**（令167の3）

チェック欄

問　普通地方公共団体の財産について妥当なものはどれか。

1　公有財産は、行政財産と普通財産とに分かれ、さらに、行政財産は、庁舎、研究所などの公用財産と、道路、学校などの公共用財産に分かれる。

2　行政財産である土地は、その用途又は目的を妨げない程度において、国又は他の地方公共団体に貸し付けることができるが、地上権や地役権等の私権を設定することはできない。

3　普通地方公共団体の長が用途又は目的を妨げない限度において許可した行政財産の使用については、借地借家法の規定が適用される。

4　普通財産は、その経済的価値を発揮することを目的として管理又は処分するものであるため、条例や議会の議決によらずに貸し付け、交換し、又は出資の目的とすることができる。

5　普通地方公共団体の長は、普通財産の貸付期間中、公用又は公共用に供するため必要を生じたときは、その契約を解除することができるが、借受人はこれによって生じた損失の補償を求めることはできない。

....

ヒント：比較でわかる！ ❗ 行政財産と普通財産

行政財産	公用財産 公共用財産	原則 貸付等 不可	例外（法238の4②⑦） ①用途又は目的を妨げない限度で、**貸付**又は**私権設定**が可能 ②用途又は目的を妨げない限度で**目的外使用許可**は可能
普通財産	行政財産以外の一切の公有財産	原則 貸付等 可能	次の行為は、条例又は議決が必要（法237②） ①交換 ②出資目的、支払手段での使用 ③適正な対価のない譲渡、貸付

解説　　　　　　　　　　　　　　　　　　　　　　　　　　正解 **1**

1 〇　法238③④のとおりです。

　　行政財産とは、普通地方公共団体において**公用**又は**公共用**に供
し、又は供することと決定した財産をいい、**普通財産**とは、**行政
財産以外の一切の公有財産**をいいます（法238④）。

2 ✕　地上権や地役権も設定できる場合があります。

　　行政財産である土地について、国、他の地方公共団体等の**鉄
道、道路等の施設**の用に供する場合は**地上権**、電線路等に供する
場合は**地役権**を設定することができます（法238の4②(5)(6)）。

3 ✕　借地借家法は適用されません。

　　行政財産は、その**用途又は目的を妨げない限度**においてその**使
用を許可**する（行政財産の目的外使用許可）ことができ（法238
の4⑦）、この場合、**借地借家法は適用しません**（同⑧）。

4 ✕　条例や議会の議決が必要です。

　　普通地方公共団体の**財産**は、**条例**又は**議会の議決**による場合で
なければ、これを**交換**し、**出資の目的**とし、若しくは**支払手段**と
して使用し、又は**適正な対価なくしてこれを譲渡**し、若しくは**貸
し付けて**はなりません（法237②）。

5 ✕　損失の補償を求めることができます。

　　前半は法238の5④のとおりですが、契約を解除した場合にお
いて、借受人は、これによって生じた損失につきその**補償を求め
る**ことができます（同⑤）。

問 普通地方公共団体の基金として妥当なものはどれか。

頻出

1 普通地方公共団体は、規則の定めるところにより、特定の目的のために財産を維持し、資金を積み立て、又は定額の資金を運用するための基金を設けることができる。

頻出

2 普通地方公共団体は、特定の目的のために財産を取得し、又は資金を積み立てるための基金を設置した場合、当該目的のためでなければ、これを処分することができない。

頻出

3 基金の運用から生ずる収益は、基金の目的外での利用を防止するため、毎会計年度の歳入歳出予算に計上してはならず、基金の管理に要する経費は、毎会計年度の歳入歳出予算に計上しなければならない。

頻出

4 特定の目的のために定額の資金を運用するための基金について、普通地方公共団体の長は、2年に一度、その運用の状況を示す書類を作成し、会計管理者の意見を付けて、議会に提出しなければならない。

5 基金に属する現金、有価証券、物品の出納等は、普通地方公共団体の長が行う。

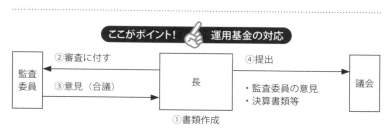

ここがポイント! 運用基金の対応

①書類作成

解説 正解 **2**

1 ✕ 規則でなく、**条例で設置**します。

　　普通地方公共団体は、**条例の定めるところ**により、①**積立基金**、②**運用基金**を設置できます（法241①）。こうした基金を**目的に応じ、及び確実かつ効率的に運用**しなければなりません（同②）。

2 ◯ **積立基金**の説明です。

　　積立基金は、**当該目的のためでなければ処分できず**（法241③）、元本とともに、運用益等も処分できません。

3 ✕ **収益も歳入歳出予算に計上**する必要があります。

　　基金の運用から生ずる**収益**及び基金の**管理に要する経費**は、それぞれ毎会計年度の**歳入歳出予算に計上**しなければなりません（法241④）。

4 ✕ **毎会計年度提出**する必要があり、また**監査委員の意見**を付します。

　　運用基金を設けた場合、長は、**毎会計年度、その運用の状況を示す書類を作成**し、これを**監査委員の審査に付し、その意見を付けて、議会に提出**しなければなりません（法241⑤）。なお、特定の目的のために資金を積み立てる基金の場合は必要ありません。

5 ✕ 基金に属する現金等の**出納等は会計管理者**が行います。

　　会計管理者は、当該普通地方公共団体の**会計事務をつかさどり**ます（法170①）。基金に関連するものとして、①**現金**（現金に代えて納付される証券及び**基金に属する現金を含む**。）の**出納及び保管を行う**こと、②**有価証券**（公有財産又は**基金に属するものを含む**。）の**出納及び保管を行う**こと、③**物品**（**基金に属する動産を含む**。）の**出納及び保管**（使用中の物品に係る保管を除く。）を行うこと等の事務を行います（同②(1)(3)(4)）。

64 住民訴訟

チェック欄

出る頻度 **B**

問 住民訴訟について妥当なものはどれか。

1 普通地方公共団体の住民は、住民監査請求をした場合で、監査委員の監査の結果に不服があるときは、裁判所に、住民監査請求に係る違法又は不当な行為について、訴えを提起できる。

2 住民訴訟について、損害賠償や不当利得の返還の請求を求める請求であり、その原告が勝訴した場合、弁護士に報酬を支払うべきときは、当該地方公共団体に対して、その報酬額の範囲内で相当と認められる額の支払を請求することができる。

3 住民訴訟には、早期に行政運営の安定性を確保するため出訴期間が定められているが、一定の要件を満たせば延長できる。

4 損害賠償や不当利得の返還を求める住民訴訟については、職員を被告として損害賠償請求を裁判所に提起できる。

5 差止請求は、差止によって人の生命又は身体に対する重大な危害の発生の防止その他公共の福祉を著しく阻害するおそれがあるときは、することができない。

......

ここがポイント！ 住民訴訟の要件等

監査結果	①監査結果・勧告に不服のある場合 ②議会・長等の**措置に不服**のある場合 ③監査委員が監査請求のあった時から**60日以内に監査を行わない**場合 ④議会・長等が**必要な措置を講じない**場合

↓

請求内容	違法な行為、怠る行為について ①行為の**差止め** ②行政処分の**取消し・無効確認** ③怠る事実の**違法確認** ④**職員等**に対する**損害賠償等の請求を求める請求**

解説 正解 **❺**

❶ **✕ 不当な行為**は対象となりません（法242の2①）。

　　住民訴訟は、**住民監査請求**に係る**違法な行為**又は**怠る事実**につき、訴えをもって請求できるものです。

❷ **✕ 損害賠償や不当利得の返還の請求**を求める**請求に限られません**。

　　勝訴（一部勝訴を含む。）した場合において、弁護士又は弁護士法人に**報酬を支払うべき**ときは、当該普通地方公共団体に対し、その報酬額の範囲内で相当と認められる額の支払を請求することができます（法242の2⑫）。損害賠償等の請求を求める請求であるいわゆる**四号訴訟に限られません**。

❸ **✕ 30日**の出訴期間は**不変期間**です（法242の2③）。

　　30日の期間は次の通りです。

監査の結果	期　　間
①**監査結果・勧告に不服**のある場合	通知から30日以内
②議会・長等の**措置に不服**のある場合	措置に係る通知から30日以内
③監査請求のあった時から**60日以内に監査を行わない**場合	60日を経過したときから30日以内
④議会・長等が**必要な措置を講じない**場合	勧告に示された期間経過日から30日以内

❹ **✕ 職員を被告として訴える**ことはできません。

　　いわゆる**四号訴訟**は、**職員を被告として直接訴える**のではなく、損害賠償又は不当利得返還の**請求をする**ことを当該普通地方公共団体の**執行機関**又は**職員**に対して**求める請求**です（法242の2①(4)）。

　　訴訟が提起された場合、当該職員等に対して、当該普通地方公共団体の執行機関等は、遅滞なく、その訴訟の告知をしなければなりません（同⑦）。

❺ **○** 法242の2⑥のとおりです。

問 職員の賠償責任について妥当なものはどれか。

頻出

1 会計管理者又は会計管理者の事務を補助する職員が、故意又は過失により、その保管に係る有価証券を亡失したときは、これによって生じた損害を賠償しなければならない。

頻出

2 支出負担行為の権限を有する職員で普通地方公共団体の規則で指定したものが、法令の規定に違反して支出負担行為をしたことにより当該団体に損害を与えたときは、故意又は重大な過失の有無にかかわらず、賠償しなければならない。

3 監査委員は、占有動産を保管している職員が法の定める行為により、当該普通地方公共団体に損害を与えたと認めるときは、その事実を監査し、職員に賠償を命じなければならない。

4 普通地方公共団体の長は、当該団体に与えた損害がやむを得ない事情によるものであることについて、賠償責任を有する職員からなされた証明を相当と認めるときは、監査委員の同意を得て、賠償責任の全部又は一部を免除できる。

5 会計管理者の事務を補助する職員の二人以上の行為により生じた損害は、職分と損害発生原因の程度に応じて賠償責任を負う。

....

ここがポイント！　　会計職員等の賠償責任

	対象者	行　為
会計職員等	①会計管理者	故意・重大な過失（現金は故意・過失）により、次を亡失・損傷 ①現金、②有価証券、③物品、④占有動産、⑤使用に係る物品
	②会計管理者の事務を補助する職員	
	③資金前途を受けた職員	
	④占有動産を保管している職員	
	⑤物品を使用している職員	

解説　　　　　　　　　　　　　　　　　　　　　　　　　　　　　　正解 ❺

❶　✕　**故意又は重大な過失**です。

　　故意又は重大な過失の場合に賠償責任を負いますが、**現金**については、**故意又は過失**の場合となります（法243の2の2①）。

❷　✕　**故意又は重大な過失**がある場合のみです。

　　①**支出負担行為**、②**支出命令や確認**、③**支出や支払**、④**契約の履行の確保のための監督や検査**の権限を有する職員や直接補助する職員で、規則で指定したものも**故意又は重大な過失**により損失を与えた場合は**賠償責任が生じます**（法243の2の2①）。

❸　✕　長が認めたときは、監査委員に監査等を求めます。

　　長は、**会計職員等が損害を与えたと認めるとき**は、**監査委員**に、**監査**し、賠償責任の有無及び賠償額を決定することを求め、決定に基づき、**期限を定めて賠償を命じます**（法243の2の2③）。

❹　✕　**監査委員**でなく、**議会の同意**です。

　　監査委員が**賠償責任ありと決定した場合**、長は、当該職員からなされた当該損害が避けることのできない事故その他やむを得ない事情によるものであることの証明を相当と認めるときは、**監査委員の意見を聴き**、その意見を付して、**議会に付議**し、**同意**を得て、賠償責任の全部・一部を**免除**できます（法243の2の2⑧）。

❺　◯　法243の2の2②のとおりです。

　　なお、退職後も、賠償責任は免れません（行実昭25.10.12）。

ここがポイント！　　予算執行職員等の賠償責任

<table>
<tr><th colspan="2">対象者</th><th>行　為</th></tr>
<tr><td rowspan="5">予算執行職員等</td><td>次の権限を有する職員・直接補助する職員（規則で指定したもの）</td><td rowspan="5">故意・重大な過失により法令の規定に違反して、当該行為をしたこと、怠ったことにより普通地方公共団体に損害を与えたとき</td></tr>
<tr><td>①支出負担行為</td></tr>
<tr><td>②支出命令・支出負担行為の確認</td></tr>
<tr><td>③支出・支払</td></tr>
<tr><td>④契約の履行確保のための監督・検査</td></tr>
</table>

問 普通地方公共団体の予算の原則として妥当なものはどれか。

1 会計年度独立の原則とは、一会計年度の歳出は当該年度の歳入をもって充てるべきことをいい、例外として継続費の逓次繰越と繰越明許費のみが認められる。

2 予算単一主義の原則により、一会計年度における一切の収入及び支出は、すべてこれを歳入歳出予算に編入しなければならない。

3 特別会計は、地方公共団体が特定の事業を行う場合その他特定の歳入をもって特定の歳出に充て一般の歳入歳出と区分して経理する必要がある場合において条例で設置されるものであり、交通事業及び上下水道事業については、地方公営企業法に基づき条例で特別会計を設置することができる。

4 予算事前議決の原則とは、年度開始前に議会の議決を経なければならないことをいうが、暫定予算はこの限りではない。

5 予算公開の原則に基づき、長は、予算の送付を受けた場合に直ちにその要領を住民に公表しなくてはならない。

ここがポイント!　予算の原則①

原　則	内容	例外
①会計年度独立の原則（法208②）	各会計年度の歳出は、その年度の歳入をもって充てるとするもの	**①継続費の逓次繰越**（法212、令145①）、**②繰越明許費**（法213）、**③事故繰越し**（法220③ただし書き）、**④過年度収入及び過年度支出**（令160、165の8）、**⑤歳計剰余金の繰入**（法233の2本文）、**⑥翌年度歳入の繰上充用**（令166の2）
②総計予算主義の原則（法210）	一会計年度における一切の収入及び支出は、**すべて歳入歳出予算**に編入しなければならないとするもの	**①一時借入金**（法235の3）、**②歳計剰余金の基金への編入**（法233の2ただし書き）、**③基金の繰替運用**

解説　　　　　　　　　　　　　　　　　　　　　　　　　　　正解 **5**

1 ×　事故繰越なども**会計年度独立**（法208②）の例外です。
　　ここがポイント！　を参照してください。

2 ×　**総計予算主義**（法210）の説明です。
　　予算単一主義の原則は、当該地方公共団体の**財政状況の全体像**
が容易に把握できるよう**単一**であることをいいます。

3 ×　**交通事業、水道事業は設置しなくてはなりません。**
　　前半は法209②のとおりです。また、①**水道事業**、②**工業用水
道事業**、③**軌道事業**、④**自動車運送事業**、⑤**鉄道事業**、⑥**電気事
業**、⑦**ガス事業**は、地公企法２①に基づき、同法が全面適用さ
れ、同17により、**特別会計の設置義務**があります。**病院事業**は、
同２②に基づき、同法の一部が適用され、**特別会計の設置義務**が
あります。**下水道事業**は同２③に基づき同法を適用でき、特別会
計の設置は任意です。

4 ×　**暫定予算も議決が必要**です（法218②）。

5 ○　法219②のとおりです。
　　長は、議会から予算の送付を受けた場合、再議などの必要がな
いと認めるときは、**直ちに**、その**要領を住民に公表**しなければな
りません（法219②）。

ここがポイント！　予算の原則②

原　則	内　容	例　外
③予算単一主義の原則	財政状況の**全体像が容易に把**握できるよう**単一であること**	①**特別会計**（法209②）、②**補正予算**（法218①）
④**予算公開の原則**（法219②、法243の3①）	予算の要領や執行状況を公表しなければならないとするもの	
⑤**予算事前議決の原則**（法211①前段）	会年度の開始前に、議会の議決を経なければならないとするもの	①予算の**専決処分**（法179）、②**予備費**（法217）、③**流用**（法220②ただし書き）

問 地方公共団体の支出として、妥当なものはどれか。

1 支出の原因となる支出負担行為に係る債務が会計年度の最終日の3月31日までに確定している場合には、出納閉鎖期間中に支出命令を発することができる。

2 金融機関を指定している普通地方公共団体における支出は、現金の交付によることが原則である。

3 会計管理者は、長の支出命令がなされた場合、その命令が法令・予算に違反していないことを確認すれば、支出できる。

4 予算の定めのない支出負担行為は無効であり、それが有効となることはない。

5 普通地方公共団体の支出は、債権者のためでなければ、これをすることができないので、給与の差押をすることはできない。

ここがポイント！ 支出の流れ等

長		会計管理者	
支出負担行為	→ 支出命令	→ 支出命令審査	→ 現金の支出

支出命令	長が、支出負担行為に基づいて現実に公金を支出する必要が生じたときに、会計管理者に対して支出を命令すること（法232の4①、令160の2） 支出負担行為が年度末までに行われている限り、出納整理期間の終了する出納閉鎖日の5月31日まで発することが可能
指定金融機関	**都道府県**の場合、公金の収納・支払の事務を取り扱わせるため、**議会の議決**を経て「**指定金融機関**」を指定（法235①、令168①） **市町村**は議会の議決を経て**指定可能**（法235②、令168②） 「指定金融機関」を指定している場合、**支出は現金の交付に代え、小切手の振出し・公金振替書の交付**により実施（法232の6①）

解説　　　　　　　　　　　　　　　　　　　　　　　　正解　❶

❶　○　出納閉鎖期間中に支出できます。

　普通地方公共団体の出納は、**翌年度の5月31日**をもって**閉鎖**します（法235の5）。また、**支出命令**は、**支出負担行為に係る債務が確定**したとき以降に行う命令等をいい（令160の2）、4月1日から、この出納閉鎖までの期間中も発することができます（通知昭38.12.19）。

❷　×　小切手の振出し、公金振替書の交付が原則です。

　金融機関を指定している普通地方公共団体における支出は、**現金の交付に代え**、当該金融機関を支払人とする**小切手を振り出し**、又は**公金振替書**を当該金融機関に**交付**して行います（法232の6①本文）。ただし、小切手を振り出すべき場合で、債権者から申出があるときは、会計管理者は、自ら現金で小口の支払をし、又は当該金融機関に現金払いさせることができます（同ただし書き）。

❸　×　支出負担行為の債務の確定も確認する必要があります。

　会計管理者は、支出命令を受けた場合でも、当該支出負担行為が**①法令又は予算に違反していないこと**及び**②当該支出負担行為に係る債務が確定していること**を確認したうえでなければ、支出できません（法232の4②）。

❹　×　予算議決で追認された場合有効となります。

　支出負担行為は、**法令又は予算の定める**ところにより行う必要があります（法232の3）。このため、予算がないのに業者と締結した請負契約は無効ですが、予算議決により追認された場合契約時にさかのぼって有効になるものと解されます（行実昭41.6.14）。

❺　×　前半は232の5①のとおりですが、給与差押は可能です。

　給与の差押は、国税徴収法の規定のように、法律に特別の定めがある場合など以外はできません。

問 支出に関する記述として妥当なものはどれか。

1 資金前渡は、債権金額が確定し、債権者が未確定な場合、又は債権金額、債権者ともに未確定な場合に、職員に概括的に資金を交付し、現金支払をさせることをいう。

2 前金払は、債権者が確定している場合に、債務金額の確定前に概算をもって支払をし、債務金額が確定後に清算することをいう。

3 概算払は、金額の確定した債務について、支払うべき事実の確定・時期の到来以前において支払うことをいう。

4 口座振替は、当該地方公共団体の歳入の収納にかかる現金を経費の支払に一時繰り替えて支払をすることをいう。

5 繰替払は、隔地の債権者に対して支出するため指定金融機関・指定代理金融機関に資金を交付して送金の手続きをさせて支払うことをいう。

〈肢の狙いはココ!〉 **1** 資金前渡 **2** 概算払 **3** 前金払 **4** 繰替払
5 隔地払

解説 正解 **1**

1 ○ 令161のとおりです。

2 × 概算払（令162）の説明です。

3 × 前金払（令163）の説明です。

4 × 繰替払（令164）の説明です。

5 × 隔地払（令165）の説明です。

比較でわかる! 支出方法の特例

方法	内容
①**資金前渡**（令161）	**債権金額が確定**し、**債権者が未確定**な場合、又は**債権金額、債権者ともに未確定**な場合に、職員に概括的に資金を交付し、現金支払をさせること
②**概算払**（令162）	債権者が確定している場合に、債務金額の確定前に概算をもって支払をし、債務金額が確定後に清算すること
③**前金払**（令163）	金額の確定した債務について、**支払うべき事実の確定・時期の到来以前**において支払うこと
④**繰替払**（令164）	当該地方公共団体の歳入の収納にかかる現金を経費の支払に**一時繰り替えて**支払をすること
⑤**隔地払**（令165）	**隔地の債権者**に対して支出するため指定金融機関・指定代理金融機関に資金を交付して送金の手続きをさせて支払うこと
⑥**口座振替**（令165の2）	債権者からの申出によって、指定金融機関・指定代理金融機関に通知して地方公共団体の預金口座から債権者の**預金口座に振り替えて**支払うこと

ここがポイント! 支出の原則

①	債務**金額の確定**
②	支払い**期限の到来**
③	支払いの**相手方が債権者**

チェック欄

問　地方債について妥当なものはどれか。

1 普通地方公共団体は、別に法律で定める場合において、地方債の起債の目的、限度額、起債の方法、利率及び償還の方法を予算で定めるところにより、地方債を起こすことができる。

2 地方債は、地方公共団体が、一年度内又は二年度以上にわたって借り入れる金銭である。

3 地方公共団体が地方債を発行できる事業は、地方財政法に制限列挙されており、これ以外の発行は認められない。

4 地方分権一括法により、起債の許可制度が廃止されたが、協議制となったにとどまり、届出により地方債が発行できるまでには至っていない。

5 国は赤字国債を発行することができるが、地方公共団体は、歳入が減少した場合に、それを補てんするために地方債を発行することはできない。

ヒント：比較でわかる！　　地方債と一時借入金

地方債（法230）	年度を超える借金	法律で定める適債事業について予算で定める	国等の許可・協議、又は届出が必要
一時借入金（法235の３）	年度内の借金	年度内の支出のために借り入れる 最高額を予算で定める	予算の範囲内

解説　　　　　　　　　　　　　　　　　　　　　　　　　　正解　**❶**

❶　○　法230のとおりです。

❷　×　年度を超えて行う借入です。

　地方債は年度を超えて行う借入をいい、**一年度以内のもの**は、**一時借入金**となります（法235の３）。

　一時借入金は、**最高額を予算で定め**、その会計年度の歳入をもって**償還**する必要があります。

❸　×　地方財政法の規定以外にも認められます。

　地方公共団体の**歳出**は、**地方債以外の歳入**をもって、その**財源**としなければなりません。この例外として、地方財政法５は、①**公営企業に要する経費**の財源、②**出資金及び貸付金**の財源、③**地方債の借換え**のために要する経費の財源、④**災害応急事業費**、**災害復旧事業費及び災害救助事業費**の財源、⑤**公共施設又は公用施設の建設事業費**及び**公共用**若しくは**公用**に供する**土地又はその代替地**としてあらかじめ取得する**土地の購入費**の財源の５つを規定しています。また、同法は退職手当債等を規定しています。

　ただし、過疎地域自立促進特別措置法に基づく過疎対策事業債のように、他の法律にもとづく地方債もあります。

❹　×　届出制も導入されています。

　起債の許可制度は地方分権一括法により、平成18年４月から**協議制に移行**し、平成24年４月から**届出制が導入**され、平成28年４月には拡大しています。

　ただし、実質公債費比率の高い団体等は依然として許可が必要です。

　また、協議の場合でも、同意を得ないで発行することが可能ですが、議会への報告が必要です（地方財政法５の３⑨）。

❺　×　減収補てん債を発行できます。

　地方財政法５ただし書きの例外として、同法33の５の３に基づき、地方税の減収に伴う地方債を発行できます。

チェック欄

問 指定金融機関等について妥当なものはどれか。

1 市町村は、金融機関を指定して、市町村の公金の収納又は支払の事務を取り扱わせなければならない。

2 会計管理者は、指定金融機関等について、定期及び臨時に公金の収納又は支払の事務及び公金の預金の状況を検査しなければならないが、必要な措置を講ずべきことを求めることはできない。

3 監査委員は、必要があると認めるとき、又は普通地方公共団体の長、議会の要求があるときは、指定金融機関が取り扱う公金の収納等について監査することができ、この監査の報告を議会と長に提出しなければならない。

4 普通地方公共団体の歳計現金は、指定金融機関への預金など、最も確実かつ有利な方法によりこれを保管しなければならない。

5 普通地方公共団体は、所有に属しない現金又は有価証券を保管することはできない。

解説　　　　　　　　　　　　　　　　　　　　　正解 ❹

❶　✕　市町村は、取り扱わせることができます。

　　都道府県は、政令の定めるところにより、**金融機関を指定し
て**、**都道府県の公金の収納又は支払の事務を取り扱わせなければ
なりませんが**（法235①）、**市町村**は、**取り扱わせることができる**
とされるにとどまります（同②）。この指定には、議会の議決が
必要です（令168①②）。

❷　✕　必要な措置を講ずべきことも求められます。

　　前半は令168の４①のとおりですが、**会計管理者**は、検査をし
たときは、その**結果に基づき**、指定金融機関等に対して**必要な措
置を講ずべきことを求める**ことができます（同②）。

❸　✕　議会は指定金融機関の監査を要求できません。

　　長は、**指定金融機関の監査を要求できますが**、**議会は要求でき
ず**、監査が行われたときに**報告を受ける**にとどまります（法235
の２②③）。

❹　◯　法235の４①、令168の６のとおりです。

　　会計管理者は、**歳計現金を指定金融機関その他の確実な金融機
関への預金その他の最も確実かつ有利な方法によって保管**しなけ
ればなりません（令168の６）。

❺　✕　債権の担保として徴するものとともに、**法律又は政令の規
定によれば保有**できます（法235の４②）。

　　なお、歳入歳出外現金については、利子は付しません（同③）。

第5章

地方公共団体と国等の関係、特別地方公共団体

一部事務組合

問 地方公共団体の組合について妥当なものはどれか。

1 一部事務組合は、二つ以上の地方公共団体が事務の一部を共同して処理するための組織で、特別地方公共団体に区分される。

2 一部事務組合は、複数の地方公共団体が、その事務の一部を共同処理するために設けられ、特別地方公共団体である特別区は設置することができない。

3 一部事務組合の組合の名称の変更は、総務大臣又は都道府県知事の協議を経た上で、それぞれ規約で定めなければならない。

4 市町村の一部事務組合は、共同処理事務が組合を構成する他の市町村と同一でなければならない。

5 一部事務組合からの脱退には他のすべての構成団体との協議が必要である

ヒント：比較でわかる！ ❗ 一部事務組合と広域連合

	一部事務組合	広域連合
概要	地方公共団体がその事務の一部を共同して処理するために設置する特別地方公共団体	地方公共団体が広域にわたり処理することが適当な事務に関し、広域計画を作成し、必要な連絡調整を行い、及び事務の一部を広域にわたり総合的かつ計画的に処理するため設置する特別地方公共団体
手続き	構成団体の議会の議決を経て、協議により規約を定め、都道府県が加入するものにあっては総務大臣、その他のものにあっては都道府県知事の許可を得て設置	
効果	共同処理するとされた事務は、構成団体の権能から除外され、組合に引き継がれる。	
相違点		・広域計画の作成が必要なこと ・国、都道府県から直接に権限移譲を受けることができること ・直接請求が認められていること　など

解説　　　　　　　　　　　　　　　　　　　　　　　　　正解 **1**

1　〇　法1の3③のとおりです。

地方公共団体は、**普通地方公共団体**及び**特別地方公共団体**からなり（法1の3①）、**普通地方公共団体**は、**都道府県及び市町村**ですが（同②）、**特別地方公共団体**は、**特別区、地方公共団体の組合及び財産区**で（同③）、**一部事務組合は特別地方公共団体**です。

2　×　**特別区も一部事務組合を設置できます。**

普通地方公共団体及び**特別区**は、事務の一部を共同処理するため、協議により規約を定め、**都道府県の加入**するものは**総務大臣**、その他は**都道府県知事の許可**を得て、一部事務組合を設けることができます（法284②）。実際、特別区も東京二十三区清掃一部事務組合等を設置しています。

3　×　**構成団体の協議を経て直ちに届出しなければなりません。**

①**構成団体の数の増減**、②**共同処理する事務の変更**、③**規約の変更**は、関係地方公共団体の協議によりこれを定め、都道府県の加入するものは総務大臣、その他は都道府県知事の許可を受けなければなりません（法286①）。ただし、①**名称**、②**事務所の位置**、③**経費の支弁の方法**の変更のみは**届出**によります（同②）。

4　×　**同一種類でなくとも設置できます（複合的一部事務組合）。**

市町村・特別区の事務に関し相互に関連するものを**共同処理**するための**市町村**及び**特別区**の一部事務組合は、共同処理しようとする**事務が同一でないことを妨げません**（法285）。これを**複合的一部事務組合**といいます。

5　×　**協議しなくとも2年前までに予告すれば脱退できます。**

一部事務組合の構成団体は、その**議会の議決**を経て、脱退する日の**2年前**までに**他のすべての構成団体に書面で予告**をすることにより、一部事務組合から**脱退**できます（法286の2①）。

問 自治法に規定する広域連合について妥当なものはどれか。

1 都道府県の加入する広域連合を解散しようとするときは、関係地方公共団体の協議により、総務大臣に届出をしなければならず、総務大臣は、解散の届出があったときは、直ちに国の関係行政機関の長に通知しなければならない。

2 都道府県の加入しない広域連合の長は、その議会の議決を経て、国の行政機関の長に対し、当該広域連合の事務に密接に関連する国の行政機関の長の権限に属する事務の一部を当該広域連合が処理することとするよう要請することができる。

3 広域連合の長は、広域計画に定める事項に関する事務を総合的かつ計画的に処理するため必要があると認めるときは、その議会の議決を経て、当該広域連合を組織する地方公共団体に対し、当該広域連合の規約を変更するよう要請することができる。

4 都道府県の加入する広域連合は、広域連合の区域として、当該広域連合を組織する地方公共団体の区域を合わせた区域を定めなければならず、いかなる場合であっても、当該広域連合を組織しない市町村又は特別区の一部又は全部の区域を除いた区域を定めることはできない。

5 広域連合の長は、政令で特別の定めをするものを除くほか、当該広域連合の規約で定めるところにより、当該広域連合の選挙人が投票により又は当該広域連合を組織する地方公共団体の議会においてこれを選挙する。

解説　　　　　　　　　　　　　　　　　　　　　　　正解 **3**

1 ✕　届出ではなく**許可**が必要です。

　　総務大臣は、許可に当たって、**国の関係行政機関の長に協議**しなければならず（法291の10②）、**許可をしたときは直ちに告示**するとともに、**国の関係行政機関の長に通知**しなければなりません（同④）。**都道府県が加入していない場合**は、**都道府県知事が許可**し、**公表**するとともに、**総務大臣に報告**します（同③）。

　　なお、**設置に当たっても許可**が必要です（法284③）。

2 ✕　国の行政機関ではなく、**都道府県に要請**できます。

　　都道府県の加入しない広域連合の長は、議会の議決を経て、**都道府県に事務の一部**を当該広域連合が処理することを**要請**できます（法291の2⑤）。なお、**都道府県の加入する**広域連合の長は、議会の議決を経て、**国の行政機関の長に要請**できます（同④）。

3 〇　法291の3⑦のとおりです。

4 ✕　**一部・全部を除いた区域**を定めることができます。

　　特別の事情があるときは、当該都道府県の包括する市町村又は特別区で当該広域連合を組織しないものの**一部又は全部の区域を除いた区域**を定めることができます（法291の4②ただし書き）。

5 ✕　議会の選挙でなく**長の投票**で選挙します。

　　広域連合の長は、広域連合の**選挙人の投票**、広域連合を組織する**地方公共団体の長の投票**により選挙します（法291の5②）。その**議会の議員**は、広域連合の**選挙人の投票**、広域連合を組織する**地方公共団体の議会の選挙**で選びます（同①）。

問 国又は都道府県の関与として妥当なものはどれか。

1 普通地方公共団体は、省令により国の関与を受ける。

2 大臣は、市町村長の自治事務の処理が法令の規定に違反していると認めるときは、自ら是正の要求を行うこともできる。

3 都道府県知事は、市町村長の担任する自治事務の処理が、法令の規定に違反していると認めるときに限り、当該市町村に対し、その処理について是正を講ずべきことを勧告できる。

4 都道府県知事は、市町村長の担任する自治事務の処理が、法令の規定に違反していると認めるときは、当該事務の処理の改善のため講ずべき措置に関し、必要な指示ができる。

頻出

5 各大臣は、所管する法令に係る市町村の第一号法定受託事務の処理について、市町村が当該法定受託事務を処理するに当たりよるべき基準をいかなるときでも定めることができる。

ヒント：比較でわかる！　❗　是正の要求等

	是正の要求	是正の勧告	是正の指示
国	各大臣	なし（都道府県のみ）	各大臣
都道府県	都道府県知事等 ※大臣の指示	都道府県知事等 ※自らの判断	都道府県知事等 ※自らの判断、大臣の指示
対象事務	・自治事務 ・第二号法定受託事務	・自治事務	・法定受託事務
求めを受けた者の対応	・違反の是正又は改善のため必要な措置を講ずべき法的義務	・法的義務はなく、勧告を尊重すべき義務を負うに過ぎない	・違反の是正又は改善のため必要な措置を講ずべき法的義務
	・具体的措置内容は地方公共団体の裁量	・具体的措置内容は地方公共団体の裁量	・具体的措置内容についても指示可能で地方公共団体を拘束

解説 　　　　　　　　　　　　　　　　　　　　　　　正解 **2**

1 × **法律又はこれに基づく政令**によらなければなりません。

　普通地方公共団体は、事務の処理に関し、**法律又はこれに基づく政令**によらなければ、**国又は都道府県の関与**を受け、又は要するはなく（法245の2）、**関与の法定主義**が定められています。

2 〇 大臣は自ら行うこともできます。

　大臣は、都道府県の執行機関に市町村の執行機関に対して、**是正の要求**を出すよう**指示**することが原則ですが（法245の5②）、**緊急を要するとき**その他特に必要があると認めるときは、自ら当該市町村の執行機関に対し、**違反の是正又は改善のため必要な措置**を講ずべきことを求めることができます（同④）。

3 × **法令違反のほかにも認められる**場合があります。

　法令の規定に違反していると認めるとき、又は著しく適正を欠き、かつ、**明らかに公益を害している**と認めるときに是正の勧告を行うことができます（法245の6①）。この要件は、是正の要求や是正の指示でも同様です。

4 × **自治事務**については是正の指示はできません。

　都道府県知事は、**市町村長の担任する法定受託事務の処理が法令の規定に違反している**と認めるとき、又は著しく適正を欠き、かつ、**明らかに公益を害している**と認めるときは、その処理について**違反の是正又は改善のため講ずべき措置**に関し、**必要な指示**をすることができます（法245の7②）。

5 × 特に必要があると認めるときだけです。

　都道府県の執行機関も**市町村の執行機関の法定受託事務の処理のよるべき基準**（処理基準）を定めることができ（法245の9②）、大臣は**特に必要があるとき**にでき（同③）、大臣は都道府県の執行機関に**処理基準に関し必要な指示が可能**です（同④）。

　いずれの場合も処理基準は目的を達成するために**必要な最小限度のもの**でなくてはなりません（同⑤）。

問 国又は都道府県の関与について妥当なものはどれか。

1 国は、普通地方公共団体の事務処理への関与を目的達成に必要最小限度としその自主性及び自立性に配慮しなければならない。

2 国の行政機関は、普通地方公共団体に対し、助言を書面によらないで行った場合、すでに書面により当該普通地方公共団体に通知されている事項と同一内容であっても、当該普通地方公共団体から当該助言の趣旨及び内容を記載した書面の交付を求められたときはこれを交付しなければならない。

3 国の行政機関は、普通地方公共団体に対し、申請に係る許認可を拒否する処分をするとき又は許認可の取消しをするときであっても、当該許認可を拒否する処分又は許認可の取消しの内容及び理由を記載した書面を交付する必要はない。

4 法定受託事務に係る都道府県の執行機関の処分についての審査請求は、他の法律に特別の定めがある場合を除くほか、当該都道府県の知事又は当該処分に係る事務を規定する法律又はこれに基づく政令を所管する各大臣に対して行う。

5 大臣は、都道府県知事の法定受託事務の法令違反の場合に、代執行はできない。

....

ここがポイント！　関与の基本原則

関与の法定主義（法245の2）		関与には法律、政令の根拠が必要
基本原則	最小限度の原則（法245の3①）	必要最小限とし、地方公共団体の自主性・自立性に配慮
	一般主義の原則（法245の3②）	基本類型以外の関与を設けない
	特定の類型の関与に係る原則（法245の3③〜⑥）	協議、同意などそれぞれの原則を明示

解説　　　　　　　　　　　　　　　　　　　　　　　　　　　　**正解 1**

1 **○**　法245の3①のとおりです。

2 **×**　**すでに書面で通知**されている事項と**同一**の場合**不要**です。

　①その場において**完了する行為**を求めるもの、②すでに書面により当該普通地方公共団体に**通知**されている事項と**同一**の内容であるものには、書面の交付義務は適用されません（法247②）。

3 **×**　**書面を交付**しなくてはなりません（法250の4）。

　また、**許認可等の基準**を定め、**公表**する必要があります（法250の2）。さらに、**標準処理期間**も定め、公表するように努めなければなりません（法250の3）。

4 **×**　**知事**ではなく、**所管する大臣**に行います。

　都道府県の執行機関の処分の場合には**所管する大臣**、市町村の執行機関等は**都道府県知事**、市町村の教育委員会は**都道府県教育委員会**などとなっています（法255の2①）。

5 **×**　**高裁に訴え**、判決を得れば、**代執行**できます。

　各大臣は、都道府県知事の**法定受託事務に法令違反等がある場合**などで、**他の方法で是正**を図ることが困難であり、かつ、それを**放置**することにより著しく公益を害することが明らかであるときは、文書で、**期限**を定めて、**勧告**できます（法245の8①）。さらに**指示**をしたうえで（同②）、**高等裁判所**に対し、訴えをもって、当該事項を**行うべきことを命ずる旨の裁判を請求**することができます（同③）。裁判所の命令にも従わない場合には**代執行**が可能です（同⑧）。

ここがポイント!　代執行の流れ

【①改善勧告】	【②指示】	【③高裁への命令請求】	【④高裁からの命令裁判】	【⑤代執行】
(245の8①)	(245の8②)	(245の8③)	(245の8⑥)	(245の8⑧)

国地方係争処理委員会・自治紛争処理委員

問 国地方係争処理委員会・自治紛争処理委員について妥当なものはどれか。

1 国地方係争処理委員会は、非常勤の5人の委員をもって組織されるが、委員は、総務大臣の許可がある場合を除き、報酬を得て他の職務に従事し、又は営利事業を営んではならない。

2 自治紛争処理委員は、自治紛争処理委員が当事者に調停を打ち切った旨を通知したとき又は総務大臣若しくは都道府県知事が当事者に調停が成立した旨を通知したときに限り、その職を失う。

3 普通地方公共団体相互の間に紛争があるときは、自治法に特別の定めがあるものを除くほか、総務大臣又は都道府県知事は、紛争の解決のため、当事者の文書による申請に基づき、自治紛争処理委員を任命し、その調停に付することができるが、職権により任命し、調停に付することはできない。

4 当事者の申請に基づき開始された自治紛争処理委員による調停においては、当事者は、当該申請を取り下げることはできない。

5 自治紛争処理委員は、調停案を作成して、これを当事者に示し、その受諾を勧告したときは、直ちに調停案の写しを添えてその旨及び調停の経過を総務大臣又は都道府県知事に報告しなければならない。

解説　　　　　　　　　　　　　　　　　　　　　　正解 **5**

1 ✕　**2人は常勤にでき、他の職務の従事等が制限されます。**

　　委員会は、**委員5人で組織し**（法250の8①）、委員は非常勤ですが、**2人以内は常勤とすることができます**（同②）。常勤の委員は、**他の職務の従事制限**等がかかります（法250の9⑮）。

2 ✕　**当事者が申請を取り下げた場合**なども職を失います。

　　法251④に規定されています。

3 ✕　**職権でも調停に付すことができます。**

　　当事者の文書による申請、又は職権で、紛争解決のため、自治紛争処理委員を任命し、**調停に付せます**（法251の2①）。

4 ✕　**総務大臣**等の同意を得れば取り下げできます。

　　総務大臣又は都道府県知事の同意を得て、当該申請を取り下げることができます（法251の2②）。

5 ◯　法251の2④のとおりです。

比較でわかる！ ！ 国地方係争処理委員会・自治紛争処理委員

	国地方係争処理委員会	自治紛争処理委員
対象	①地方公共団体に対する国の関与 ②国の関与に係る不作為 ③国と地方公共団体の法令に基づく協議	①市町村に対する都道府県の関与 ②地方公共団体・その機関相互の紛争の調停 ③審査請求　など
申出等	地方公共団体の執行機関は、国地方係争処理委員会に当該行為のあった日から30日以内に文書で申し出て、国の行政庁にもあらかじめ通知	審査申出：市町村の執行機関が総務大臣に文書で行う 調停等：当事者の申請又は職権で委員を任命し実施
勧告等	90日以内に勧告等の措置。関与が違法又は不当である場合勧告・通知。職権による調停案の提示・受諾の勧告も可能	
委員	常設（5名）、任期3年	事件ごとに任命（3名）、独任。調停案等は合議
任命	両議院の同意を得て、総務大臣が任命	総務大臣（都道府県が当事者の場合）又は都道府県知事が任命
対応	勧告があったときは、勧告に即して必要な措置を講ずる義務があり、審査の結果に不服があるとき等は高等裁判所に訴訟を提起することが可能	

問 普通地方公共団体相互間の協力として妥当なものはどれか。

1 普通地方公共団体は、協議により、当該普通地方公共団体及び他の普通地方公共団体が連携して事務を処理するに当たっての基本的な方針及び役割分担を定める協約を当該他の普通地方公共団体と締結することができるが、都道府県が締結したものにあっては総務大臣に届け出なければならない。

2 連携協約は、異なる都道府県の区域に存在する市町村とは締結できない。

頻出

3 事務の委託は、都道府県相互間及び市町村相互間において行うことができるが、都道府県と市町村の間において行うことができない。

4 事務の委託を行う場合、都道府県の加入するものは総務大臣、その他は都道府県知事に協議を行い、規約を定め、その旨及び規約を告示しなければならない。

5 普通地方公共団体は、他の普通地方公共団体の求めに応じ、協議により規約を定め、当該他の普通地方公共団体の事務の一部を、当該他の普通地方公共団体の名において管理し及び執行することができるが、これを事務の委託という。

解説　　　　　　　　　　　　　　　　　　　　　　　　　　　　正解 ❶

❶　**○**　法252の2①②のとおりです。

　　連携協約は、普通地方公共団体が**連携して事務を処理**する上での**基本的な方針**及び**役割分担**を定めるものです（法252の2①）。協約を締結した団体は、**協約に基づき、必要な措置を執る**ようにしなければならず（同⑥）、別途、それぞれの**事務の共同処理制度の規定に基づく規約**を定めます。

❷　**×**　**異なる都道府県の市町村と締結可能**です。

　　連携協約は、いかなる地方公共団体の間においても地域の実情に応じて締結することが可能です（通知平26.5.30）。

❸　**×**　**都道府県・市町村間でも可能**です。

　　事務の委託は、協議により規約を定め、**事務の一部を他の団体に委託**して、**管理・執行**させる制度です（法252の14①）。

❹　**×**　**総務大臣等への協議は不要**です。

　　規約を定め、**告示**をするとともに、**総務大臣、都道府県知事への届出が必要**です（法252の14③（252の2の2②を準用））。

❺　**×**　**事務の代替執行**の説明です。

　　事務の代替執行は、協議により規約を定め、他の普通地方公共団体に行わせる制度という点では事務の委託と一緒ですが、当該事務についての**法令上の責任**は事務を任せた普通地方公共団体に帰属したままで、**当該事務を管理執行する権限の移動も伴いません**（法252の16の2①、法252の16の4）。

チェック欄

問 普通地方公共団体相互間の協力として妥当なものはどれか。

頻出

1 協議会は、独立した法人格を有しており、固有の財産、職員を有する。

2 共同設置できる機関は、幅広く認められており、教育委員会や公安委員会は含まれるが、議会事務局は除かれる。

3 執行機関としての委員会、委員を共同設置する普通地方公共団体は、その議会の議決を経ることなく、脱退する日の2年前までに他のすべての関係普通地方公共団体に書面で予告をすることで、共同設置から脱退することができる。

4 機関の共同設置において、共同設置された機関は、それぞれの地方公共団体の機関としての性格を有し、その行為はそれぞれの地方公共団体に帰属する。

頻出

5 職員の派遣において、派遣された職員は、派遣を受けた地方公共団体の職員の身分を有することになり、派遣した地方公共団体の職員の身分を当然に失う。

解説 正解 **4**

1 ✕ **協議会には法人格はありません。**

　協議会は、普通地方公共団体の**協議により定められる規約で設**置される組織で、**法人格を有せず、協議会固有の財産又は職員を持ちません。**また、①管理執行協議会、②連絡調整協議会、③計画作成協議会の3種類があります（法252の2の2①）。

2 ✕ **公安委員会は設置不可で、議会事務局は設置可です。**

　公安委員会は共同設置できませんが（令174の19）、**議会事務局、委員会・委員、附属機関等を設置できます**（法252の7①）。

3 ✕ **議会の議決が必要です。**

　議会の議決を経て、脱退する日の**2年前**までに他のすべての関係普通地方公共団体に**書面で予告**をすることで、共同設置から脱退することができます（法252の7の2①）。

4 〇 **選択肢のとおりです。**

5 ✕ **派遣元の身分は失いません。**

　職員の派遣は、事務の処理のため特別の必要があると認めるときは、**職員の派遣を求めることができる**ものです（法252の17①）。職員は**派遣を受けた普通地方公共団体の職員の身分をあわせ、給料等は派遣先の負担、退職手当は派遣元の負担**となります（同②）。

ここがポイント！　事務の共同処理

共同処理制度	制度の概要
事務の委託（法252の14〜16）	事務の一部の管理・執行を他の地方公共団体に委ねる制度
事務の代替執行（法252の16の2〜4）	事務の一部の管理・執行を当該地方公共団体の名において他の地方公共団体に行わせる制度
連携協約（法252の2）	連携して事務を処理するに当たっての基本的な方針及び役割分担を定めるための制度
協議会（法252の2の2〜6の2）	共同して管理執行、連絡調整、計画作成を行う制度
機関等の共同設置（法252の7〜13）	委員会又は委員、行政機関、長の内部組織等を複数の地方公共団体が共同で設置する制度

指定都市・中核市

問 指定都市・中核市に係る記述として妥当なものはどれか。

❶ 指定都市は、政令で指定する人口50万以上の市だが、人口50万未満の場合、昼夜間人口比率が1を超える必要がある。

頻出

❷ 指定都市は、都道府県が処理することとされている事務の一部を処理する事務の特例が設けられているが、知事等に代えて各大臣の許可を受けるなどの関与の特例はない。

頻出

❸ 指定都市の区長は住民の直接選挙により選出される。

❹ 中核市は、人口30万以上、面積100k㎡以上を有するほか、昼間人口が夜間人口を上回っていることが要件とされている。

❺ 中核市の指定の申出に際して、あらかじめ当該市の議会の議決を経て、都道府県の同意を得なければならない。

....

ここがポイント！ 指定都市と中核市の違い①

	指定都市	中核市
要件	人口50万以上（実際には70万以上）	人口20万以上
関与の特例	・知事の承認、許可、認可等の関与を要している事務について、その関与をなくし、又は知事の関与に代えて直接各大臣の関与を要する（法252の19②）	・福祉に関する事務等に限って指定都市と同様に関与の特例が設けられている（法252の22②）
行政組織上の特例	・区の設置（法252の20①） ・区選挙管理委員会の設置（法252の20⑤）　等	
財政上の特例	・地方揮発油譲与税の増額 ・地方交付税の算定上所要の措置（基準財政需要額の算定における補正） ・宝くじの発売　等	・地方交付税の算定上所要の措置（基準財政需要額の算定における補正）

解説 正解 **5**

1 ✕ 法には**人口要件のみ規定**されています。

　法では、**政令で指定する人口50万以上の市**とされており（法252の19①）、それ以外の要件は規定されていません。実際には70万以上の市が指定されています。

2 ✕ **関与の特例**も設けられています。

　自治法・個別法の**事務配分の特例**とともに、都道府県知事でなく、**大臣の関与を要する関与の特例**（法252の19②）、**区の設置**（法252の20①）などの**行政組織上の特例**が認められます。

3 ✕ **指定都市の区長は職員が充て**られます。

　特別区の区長は直接選挙で選出されますが、**指定都市の区は行政区**ともいわれ、その**区長は、職員が充て**られます（法252の20④）。

4 ✕ **中核市の要件は人口20万以上の市**です。

　創設当初は、中核市の要件として、人口30万以上、面積100㎢以上、昼夜間人口比率100超（人口50万未満の場合）とされていましたが、現在は、特例市制度の廃止に伴い、**人口20万以上の市**とされています（法252の22①）。

5 ◯ 法252の24②のとおりです。

　中核市の指定は、**総務大臣が関係市の申し出に基づき行います**が（法252の24①）、**都道府県の同意が必要**です。

ここがポイント! 指定都市と中核市の違い②

	指定都市	中核市
決定の手続	・政令で指定	・申出に基づき、政令で指定（法252の24①） ・申出に当たっては市議会の議決及び都道府県の同意が必要（法252の24②） ・都道府県が同意する場合には議会の議決が必要（法252の24③）

問 特別区の記述として妥当なものはどれか。

1 都は、特別区の存する区域において、都道府県が処理するものとされている事務及び特別区に関する連絡調整に関する事務のみを処理し、特別区はそれらの事務を除き、市町村が処理するものとされている事務を処理する。

2 特別区は、自治法でも 市町村と同様の性格を有する普通地方公共団体として位置付けられ、基礎的な地方公共団体と規定されている。

3 都知事は、特別区に対し、都と特別区及び特別区相互の間の調整上、特別区の事務の処理について、その処理の基準を示す等必要な助言又は勧告をしなければならない。

頻出

4 都区協議会は、事務の処理について、都と特別区及び特別区相互の間の連絡調整を図るため設けられ、必要な事項は政令で定められ、都知事及び特別区の全区長の委員をもって組織される。

5 都は、都及び特別区並びに特別区相互間の財源の均衡化を図り、並びに特別区の行政の自主的かつ計画的な運営を確保するため、政令で定めるところにより、条例で、特別区財政調整交付金を交付するものとする。

解説　　　　　　　　　　　　　　　　　　　　　　　　　　　**正解 5**

1　✕　都は、市町村の事務の一部も処理します。

　　都は、都道府県の処理する事務、特別区の連絡調整に加え、市町村が処理する事務のうち、人口が高度に集中する**大都市地域の行政の一体性及び統一性**の確保のため**一体的に処理することが必要である市町村の事務**（法281の2①）、特別区は、**都が一体的に処理するものを除き、市町村の事務を処理します**（同②）。

2　✕　特別区は**特別地方公共団体**です。

　　特別区は、**特別地方公共団体**ですが（法1の3③）、**基礎的な地方公共団体**として位置づけられます（法281の2②）。

3　✕　しなければならないではなく、することができるです。

　　大都市地域における行政の一体性及び統一性の確保の観点から都に認められる規定です（法281の6）。

4　✕　一部の区長をもって組織されます。

　　都区協議会は、**委員は16人**で、**都知事、知事が補助機関の職員から指名する者7人、特別区の区長が区長の中から協議により指名する者8人**で構成されます（法282の2、令210の16）。

5　○　法282のとおりです。

　　特別区財政調整交付金として、市町村税の一部を都税として徴収し、協議により都区間・特別区間の財政調整を行います。

ここがポイント！　🖐　特別区と行政区

	特別区	行政区
性格	都に置かれる基礎自治体（特別地方公共団体）（法281、281の2）	指定都市に置かれる内部組織（法252の20①）
区長の位置付け	選挙で選ばれる特別職（市町村長と同様）	補助機関である職員を充てる（法252の20③④）
議会	市町村議会と同様	ない
事務	都が一体的に処理するものを除く市町村が処理する事務（法281の2②）	出先機関であり、証明発行等の業務を実施
財源等	固定資産税等は都が徴収 特別区財政調整交付金を交付（法282）	

条例による事務処理の特例

問 条例による事務処理の特例として妥当なものはどれか。

❶ 条例による事務処理の特例は事務の委託の制度と異なるものではない。

❷ 市町村長は、長の権限として、都道府県知事の権限に属する事務の一部を当該市町村が処理することとするよう要請することができる。

❸ 都道府県知事は、条例による事務処理の特例により、その権限に属する事務の一部を市町村が処理することとする上で、市町村の同意が必要となっている。

❹ 事務処理の特例により、法令等に規定する都道府県に関する規定は市町村に適用され、国の行政機関が行う助言等や資料の提出要求は直接市町村に行わなくてはならない。

❺ 都道府県知事は、条例による事務処理の特例により、市町村が処理することとされた事務のうち自治事務の処理が法令の規定に違反していると認めるときなどは、当該市町村に対し、各大臣の是正の要求の指示がない場合でも、当該自治事務の処理について違反の是正又は改善のため必要な措置を講ずべきことを求めることができる。

ここがポイント！ 事務処理の特例と事務の委託

条例による事務処理の特例	事務の委託
都道府県から市町村	都道府県と市町村以外に市町村相互間も対象
長以外の執行機関には個別法の規定が必要（地教法55）	長以外の執行機関も対象
あらかじめ都道府県知事から市町村長への協議が必要（同意不要）	双方の協議（議会の議決）が必要

解説 　　　　　　　　　　　　　　　　　　　　　　　　**正解 5**

❶ ✕ 条例による事務処理の特例は事務の委託と異なります。

　事務処理の特例は都道府県と市町村の間で行われますが、**事務
の委託**は、**市町村相互間でも可能**です。

　また、**事務処理の特例**は、地教法55に基づき、**教育委員会の事
務は対象**となりますが、**他の執行機関の事務は対象外**です。さら
に、事務処理の特例では、**協議は必要**ですが（法252の17の２②）、
市町村長の同意までは求めていません。

　一方、**事務の委託**では、**議会の議決を経た協議により規約を定
める必要**があり、双方の同意が前提となります（法252の14③（252
の２の２③本文を準用））。

❷ ✕ 要請を行うには、市町村議会の議決が必要です。

　市町村は、その**議会の議決**を経て、都道府県知事に対し、その
権限に属する**事務の一部を当該市町村が処理することとするよう
要請**することができ（法252の17の２③）、この要請があつたとき
は、都道府県知事は、速やかに、当該市町村の長と**協議しなけれ
ばなりません**（同④）。

❸ ✕ 同意は不要です。

　選択肢１の解説のとおり、**同意は求められていません**。

❹ ✕ 都道府県を通じて助言等を行うことができます。。

　市町村に適用される法令の規定により**国の行政機関が市町村に
対して行うものとなる助言等、資料の提出の要求等又は是正の要
求等**は、**都道府県知事を通じて行うことができます**（法252の17の
３②）。

❺ ○ 法252の17の４①のとおりです。

　是正の要求の特則として定められています。

【編著】

地方公務員昇任試験問題研究会

【本書執筆】

鈴木　洋昌 (すずき・ひろまさ)

頻出問題！　出る順で解く！　地方自治法

2020年8月31日　初版発行

編著者　地方公務員
　　　　昇任試験問題研究会

発行者　佐久間重嘉

学 陽 書 房

〒102-0072　東京都千代田区飯田橋1-9-3
営業（電話）03-3261-1111（代）
　　（FAX）03-5211-3300
編集（電話）03-3261-1112（代）
http://www.gakuyo.co.jp/

© 2020, Printed in Japan
ISBN 978-4-313-20544-4　C2032
ブックデザイン／佐藤　博
DTP制作・印刷／東光整版印刷　製本／東京美術紙工
※乱丁・落丁本は、送料小社負担にてお取替え致します。

昇任試験によく出る！
類似語の違いでわかる
地方自治法

鈴木　洋昌 著

A5判並製／定価＝本体1,800円＋税

「試験で間違えやすい類似語」を比較しながら、地方自治法を効率的に学べる、試験対策テキスト。2つの類似語が択一試験でどのように出題されるのかを出題パターンで具体的に明示したほか、試験で問われる類似語の違いや特色を明快に解いた。

はじめて学ぶ
地方自治法〈第2次改訂版〉

吉田　勉 著

A5判並製／定価＝本体2,100円＋税

はじめて自治法を学ぶ方がその条文数の多さに圧倒されることなく、ポイントが理解できることを最優先に考えた、自治体職員のための自治法入門！　条文にありがちな言い回しは使わずに端的な表現を用いて、さらに具体例による説明を随所に取り入れた。

昇任試験に
必ず合格する本

大原　みはる 編著

A5判並製／定価＝本体1,900円＋税

昇任試験に確実に合格するための択一、時事、記述式・論文、資料解釈、面接試験対策とそれぞれの解答ノウハウを詳解した類書なき本！お勧め参考書・問題集の読み方・使い方などの試験対策に加え、本試験で実力以上の効果を発揮する択一選択肢の選び方、資料解釈で使えるテクニックなども充実。